20 世纪中国图书馆学文库·26

俄文图书编目法

沈祖荣 编

圕 國家圖書館出版社

本书据武汉大学 1955 年 5 月讲义排印(原书附录未排印)

再版附言

本讲义初稿，完成于一九五四年六月间。当时尚未见到克连诺夫的"图书馆技术"中译本和"小型图书馆目录及出版物的著录统一条例"原文本，多凭个人见解编撰而成。现在学习了上述两书，参考了"图书馆员"中有关编目资料，也听取本大学图书馆学专修科一九五四年级同学和各图书馆俄文编目同志们的一些意见，再结合我国图书馆的具体情况，作了适当的修改和补充。

再版中增添了马克思列宁主义著作和多卷书著录法，扩大和修改政府机关，党团以及工会出版物和定期刊物的著录法，并改写了标题目录编制和书评著录法以及如何采用印刷目录卡的方法。示例方面也比较初稿增加了一倍有余，以期对于初学俄文编目和从事实际工作同志们有所帮助。但是由于编者的俄语知识太差，政治理论和业务水平有限，还不能有很大的改进，希望同志们多多指正。

一九五五年五月于武汉大学

目　　次

前　言

　　图书馆是传播马克思列宁主义，普及和提高人类文化和知识的地方。为了建设我们伟大的祖国，必须向苏联学习，响应毛主席的号召，因此图书馆必须大量购置俄文书籍，以备广大读者的阅读和参考。但书籍到馆以后，应该加以编目，否则，是不能得到便利的运用，从而也不能发挥它应有的作用。

　　目前关于俄文图书编目的书籍，就武汉市来说，还没有看到过一本，但各方面的需要非常迫切。兹愿凭个人粗浅的俄文知识和初步研究所得，试编本稿，供同学们参考，希望通过实践，逐步加以改进。

　　本讲稿着重实际问题的讨论，略于理论方面的阐述，采用的例子，大多是目前实际工作中所有或将来可能发生的，其余陈旧的，不合用的，概未采入。为了帮助同学们的学习，目录卡片所用的各种词语，略语，全名，简称，编者，译者，书名等变格的形式，在各个项目上，分别加注中文，以便了解。

　　目录卡片上的书码、类号采用苏联小型图书馆分类法、人民大学图书馆分类法和杜威十进分类法，著者号码则采用苏联哈芙金娜所编的著者号码表。为了教学上的便利，讲稿中选印了一些典型的和突出的书名页例子和样卡，在目录编制上有什么问题时，即可参考这些书名页例子和样卡，加以解决，或不致有太多的困难。

这里所讲的是字顺目录的编制，不是系统目录或推荐目录，所用的卡片格式，也不是评注卡，因为目前还没有一本新的标准分类法，可资依据。对于俄文评注，事实上也很不容易，作好评注卡，除了具备很好的俄语知识，对于原书内容要有深切的了解之外，还需要高度的马列主义水平。我认为将来要编制系统目录，首先掌握编目的基本知识，也是必要的。

在同学们已掌握了英文编目知识的基础上，再进而学习俄文编目是比较容易的，因为两者之间有它们相同之处，但也有完全不相同的地方，所以同学们应该留意学习，细心辨别其异同，方能彻底了解和熟习。俄文与英文编目上的区别，最显著的有（一）书名页上各项排印的不同，（二）人名的变格，（三）目录上用词的大写方法。

在编写本讲稿的过程中，用于搜集资料的时间较多，而用于分析综合这些资料的时间则较少，因此多有不够妥善之处，希望同志们随时指正。

一九五四年六月

壹 认识俄文图书的著者、书名和出版者

目录是揭露图书馆藏书,推荐和宣传好书的工具,是引导图书流通的指南。我们新中国图书馆工作者,为了推荐和宣传苏联的先进科学技术和经验,使广大读者充分获得阅读和参考俄文图书的机会,关于怎样编制俄文图书目录,就有学习的必要,最低限度也得掌握必需的俄文编目的基本知识。

编制俄文图书目录和编制英文图书目录,很不相同的。若要了解一本俄文书籍的著者、书名和出版者等项,倒不是一件很容易的事。因为俄文书名页,各项排印的格式是多样的,而英文书名页上排印的格式比较固定。在英文书名页上端十之八、九是书名,其次是著者姓名,下面是出版者名称(见例一至例四),俄文书名页上就不一定了。

兹举英文书名四个,如下:

例 一

THE STRUGGLE	⎫
for	⎬ 书名
NEW CHINA	⎭
SOONG CHING LING	← 著者
Foreign Languages Press	← 出版社之全名
PEKING 1952	← 出版地 出版年

例　二

MATERIALS ON THE TRIALS
OF
FORMER SERVICE MEN
of
the Japanese Army charged
with manufacturing
and employing
bacteriological weapons
⎫ 书名

Foreign Languages Pub. House
Moscow 1952
⎫ 出版项

例　三

WOMEN OF CHINA
← 书名

PEKING

Edited by the Department
for
INTERNAIONAL WORK ALL
CHINA DEMOCRATIC WOMEN'S FEDERATION
⎫ 某某团体所编

Foreign Languages Press
Peking 1953
⎫ 出版项

例　四

WHY FARMERS ARE POOR
← 书名
The Agricultural Crisis
in
the United States
⎫ 解释书名
by
Anna Rochester
← 著者
Author of "Rulers of America"
← 引用书名
International Pubishers
New York
1949
⎫ 出版项

2

现在将英俄文同样的一本书,加以对照,说明其异同(见例五至八)。

例　五

КАРЛ МАРКС	← 著者:马克思
КАПИТАЛ	← 书名:资本论
Критика Политической Экономии	}解释书名
Пер. И. И. Степанова-Скворцова	← 由某某所译
Издание 4-е проверенное и исправленное	}第四版改订本
Государственное Издательство Политической Литературы	}出版社之全名
Москва 1947	← 出版地　出版年

例　六

CAPITAL	← 书名
A critique of political economy	← 解释书名
by	
Karl Marx	← 著者
The process of Capitalist production Translated from the Third German Edition by Samuel Moore and Edward Aveling	}由某某译自德文第三版
Foreign Lanquages Publishing House Moscow 1947	}出版社之全名

3

例 七

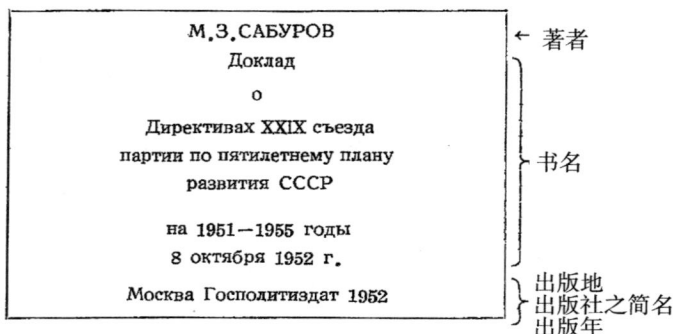

例 八

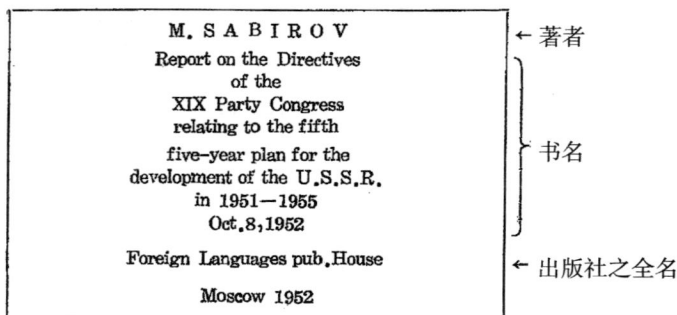

为了便于同学们了解起见,另将俄文书名页上各项,按其排印的不同情况,选印若干样张,分别加以分析研究。

一、题上项(Надзаголовок)

俄文书名页的题上项,系该书编著者,包括个人,合著者,或机关,团体的名称,或丛书的名称。关于著者的姓名见例九,关于合著者姓名见例十至十二,关于机关或团体名称见例十三,关于丛书名称见例十九至三十九。

МАО ЦЗЕ-ДУН ← 著者

Собрание Произведения

В

Четырех Томах

Том I

Пер. с китайского

Государственное Издательство

Иностранной Литературы

Москва 1952

例 十

Е.Е. СОЛВЬЕВА,Н.Н. ЩЕПЕТОВА,Л.А. КАРПИНСКАЯ ← 合著者

РОДНАЯ РЕЧЬ

Книга для чтения
во 2 классе начальной школы

издание седьмое

утверждена
Министерством просвещения РСФСР

Государственное
учебно-педагогическое Издательство
Министерства Просвещения РСФСР

Москва—1950

有的著者姓名之后,印有荣获斯大林奖金等字样的。

例 十一

ВСЕСОЮЗНОЕ НАУЧНОЕ ИНЖЕНЕРНО-ТЕХНИЧЕСКОЕ
ОБЩЕСТВО СТРОИТЕЛЕЙ (ВНИТО СТРОИТЕЛЕЙ)

Г. Ф. Долженко
инженер лауреат Сталинской премии
В. К. Дедушкевич
инженер
И. Г. Совалов
канд. техн. наук, лауреат Сталинской премии

АРМАТУРНЫЕ РАБОТЫ
НА СТРОИТЕЛЬСТВЕ
ГИДРОТЕХНИЧЕСКИХ
СООРУЖЕНИЙ

ГОСУДАРСТВЕННОЕ ИЗДАТЕЛЬСТВО
ЛИТЕРАТУРЫ ПО СТРОИТЕЛЬСТВУ И АРХИТЕКТУРЕ

Москва—1953

} 丛书名称:全苏科学，工程,技术建设协会
← 著者:荣膺斯大林奖金工程师某某
← 著者:工程师某某
← 著者:荣获斯大林奖金科技硕士某某
} 书名
} 出版社

例 十二

А. БОБКОВА И. ЗЕМСКАЯ
У Ч Е Б Н И К
Р У С С К О Г О Я З Ы К А

Под редакцией и при участии
Н. Н. КОРОТКОВА и И. М. ПУЛЬКИНОЙ

Редактор китайского текста
Г. Д. ГРИШИН

ИЗДАТЕЛЬСТВО
ЛИТЕРАТУРЫ НА ИНОСТРАННЫХ ЯЗЫКАХ

Москва 1953

← 由某某二人合编

6

例 十三

```
Академия Наук СССР
Комиссия по истории физико-математических наук
Александр Степанович Попов
Библиографический указатель
Издание второе, переработанное и дополненное
Составила А.М.Лукомская
Под редакцией К.И.Шафрановского
Вступительная статья
члена-корреспондента АН СССР
Ш.А.Шатслена
Издательство АН СССР
Москва—Ленинград
1947
```

著者和书名常不易于分辨，兹举数例如后：(见例十四至十七)

例 十四

```
Т Р У Д Ы
Арктического научно-исследователь-            苏联部长会议直属
ского института Главного упра-          ←北海海路总管理局
вления Северного морского пути            北极科学探险研究
при Совете Министров СССР                 所汇报第二〇二卷
Том 202

Морские Млекопитающие                   ←书名：北极海哺乳
Арктики                                     动物

Составил                               ←编者某某

М.П. Виноградов                        ←校阅者某某教授
под редакцией
порф. Е.К.Суворова

ИЗДАТЕЛЬСТВО ГЛАВСЕВМОРПУТИ            ←出版者：北极海路
Ленинград 1949 Москва                      总管理局出版社
```

7

例　十五

```
М О Л Ь Е Р
М Е Щ А Н И Н
В О   Д В О Р Я Н С Т В Е
Комедия
В 5-и   Действиях
Государственное   Издательство
"Искусство"
Москва—1953
```

例　十六

```
ИОСИФ   ВИССАРИОНОВИЧ          ← 书名
С Т А Л И Н
Краткая биография                   ← 题下项:副书名
Второе издание
исправленное и дополненное
Составители:
Александров Г. Ф. , Галактионов М.Б. ,
Кружков В. С. , Митин М. Б. ,
Мочалов В. Д. , Поспелов П. Н.
Москва—1950
```

例　十七

```
В. Ермилов                          ← 著者
Антон Павлович
Чехов                               ⎫ 书名
(1860—1904)                          ⎬
Издание второе, переработанное       ← 版次
переплет и титул
Художника Евч. Бурчукера              ⎬ 绘画者
Изд. ЦК ВЛКСМ                         ⎬ 出版社之全名
"Молодая гвардия"
1949                                 ← 出版年
```

8

有时题上项为标语或口号,如不详细分辨,很易误为丛书名称,其实非是(见例一八)。

例 十八

ПРОЛЕТАРИИ ВСЕХ СТРАН СОЕДНЯЙТЕСЬ	←全世界无产阶级团结起来!是口号,不是丛书
ИСТОРИЯ ВСЕСОЮЗНОЙ ПАРТИИ (БОЛЬШЕВИКОВ)	书名:联共(布)党史
КРАТКИЙ КУРС Под редакцией Комиссии ЦК ВКП (б)	题下项
Государственное Издательство Политической Литературы	←国立政治书籍出版社(全名)
1953	

题上项常有丛书名称或出版者名称(见例十九及例二十)。

例 十九

Школьная Библиотека Для Нерусских Школ
Иван Новиков

Александя Сергеевич
Пушкин

1950
Государственное Издательство
Детской Литературы
Министва Просвешения РСФСР
Москва Ленинград

例 二十

```
ВСЕСОЮЗНАЯ КНИЖНАЯ ПАЛАТА

            СЛОВАРИ

    библиотечно-библиографических

            терминов

        а н г л о - р у с с к и й
        н е м е ц к о - р у с с к и й
    ф р а н ц у з с к о - р у с с к и й

      Составила Л. В. Хавкина

  С приложением списка латинских терминов

        ИЗДАТЕЛЬСТВО

    ВСЕСОЮЗНОЙ КНИЖНОЙ ПАЛАТЫ

          ·Москва 1852
```

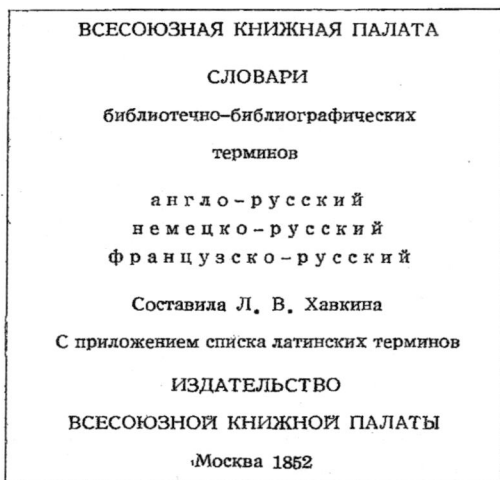

← 丛书名称与出版社
的名称相同,但格不
同

　　丛书名称很多,有儿童丛书,通俗科学丛书,小说文库,军事学文库,苏联作曲家文库等等。我们要认识一本丛书,可以下列各字为依据。

　　(一)凡有"дом"(××宫、或××家)字样出现在题上项的,是一种丛书(见例二十一和例二十二)。

例　二一

```
        Дом Детской Книги

        П И С А Т Е Л И

        Л А У Р Е А Т Ы

      С Т А Л И Н С К О Й

          П Р Е М И И

        Краткие биографии

Государственное Издательство Детской Литературы

    Министерства Просвещения РСФСР

      Москва—1953—Ленинград
```

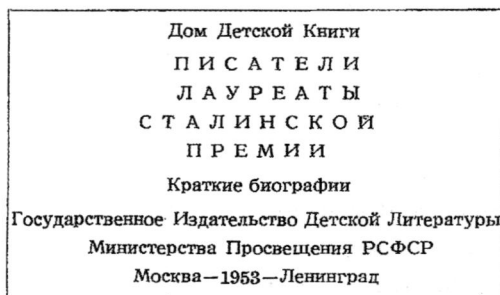

← 出版社名称:苏俄
教育部儿童书籍出
版社

　　　　↑　　　↑　　　↑
　　　出版地　出版年　出版地

10

例 二二

```
┌─────────────────────────────────────────┐
│   ДОМ ДЕТСКОЙ КНИГИ ДЕТГИЗА              │
│   ЧТО ЧИТАТЬ ПО ИСТОРИИ                  │
│   ШКОЛЬНИКАМ 5—7 КЛАССОВ                 │
│   Аннотированный указатель художественной│
│   и научно-популярной исторической литературы│
│   в помощь руководителям детского чтения │
│   учителям, библиотекарям и пионерским вожатым│
│ Государственное Издательство Детской Литературы│
│   Министерства Просвещения РСФСР         │
│     Москва 1953 Ленинград               │
└─────────────────────────────────────────┘
```
←丛书名称

(二)有"В помощь"辅导字样,也是丛书名称(见例二十三和二十四)。

例 二三

```
┌─────────────────────────────────────────┐
│     В Помощь самодеятельности           │
│      пионеров и школьников               │
│         Б. Рыкунин                       │
│         Ю Н Ы Й                          │
│         М А С Т Е Р                      │
│     Государственное Издательство         │
│        Детской Литературы                │
│   Министерства Просвешения РСФСР          │
│     Москва 1953 Ленинград               │
└─────────────────────────────────────────┘
```
←丛书名称

例 二四

```
┌─────────────────────────────────────────┐
│        В Помощь школьнику               │
│         Г. КАРЕВ                         │
│       Сталинградская битва               │
│        Переработ. изд                    │
│           ДЕТГИЗ                         │
│      Москва 1949 Ленинград              │
└─────────────────────────────────────────┘
```
←丛书名称
←著者
←书名
←改订本
←出版社之简名
←出版地　出版年

（三）有"Книга"字样，也是一种丛书（见例二十五和例二十六）。

例　二五

КНИГА ЗА КНИГОЙ	←丛书名称
Л. Н. ТОЛСТОЙ	←著者
БАСНИ И РАССКАЗЫ	←书名
Рисунки Г. Никольского	｝绘图者姓名
Государственное Издательство Детской Литературы Министерства Просвещения РСФСР	｝出版社之全名
Москва 1951 Ленинград	←出版地　出版年

例　二六

К Н И Г А З А К Н И Г О Й	←丛书名称
Д. Н. Мамин–Сибиряк	←复姓著者
С К А З К А ПРО КОМАРА КОМАРОВИЧА ДЛИННЫЙ НОС И ПРО МОХНАТОГО МИШУ КОРОТКИЙ ХВОСТ	｝书名
Рисунки Е. Рачёва	←绘画者姓名
Государственное Издательство Детской Литературы Министерства Просвещения РСФСР Москва 1951 Ленинград	

（四）有"Композиторов"（作曲者）字样，也是丛书的一种（见例二十七和例二十八）。

例　二七

Союз Советских Композиторов	←丛书名称
Гимн Советского Союза	←书名
Муз. А. Александрова	←为某某作曲
Слова С. Михалкова и Эль-Регистана	←由某某二人作词
Укральский рабочий	←出版地
1953	←出版年

例 二八

```
Союз Советских Композиторов        ←丛书名称
Оркестротека
В. Захоров
Про Пехоту
Выпуск 26
Московское Отделение Музфонда СССР
Москва 1953
```

（五）有"Бибилотека""文库"字样的都是丛书名称。"文库"这个名词有的是在丛书名称的面（见例二十九），有的在丛书名称的中间（见例三十），有的在丛书名称的后面（见例三十一）。

例 二九

```
БИБЛИОТЕКА ИНОСТРАННОЙ ЛИТЕРАТУРЫ   ←丛书名称
А. АХУКИН                            ←著者
ПОЛНОЕ СОБРАНИЕ СОЧИНЕНИЙ            ←书名（全集）
Том Второй                          ←第二卷
ПОВЕСТЬ И РАССКАЗЫ                   ←分册书名
Неревод С Украинского               ←译自乌克兰文
Составила                        ┐
И. Любимова                      ┘ 为某某所编
Ленинград 1951 Москва               ←两个出版地点 出版年
Государственное Издательство Литеротуры  ←出版社之全名在书名
                                      页最下端
```

例 三〇

```
ВОЕННАЯ БИБЛИОТЕКА ШКОЛЬНИКА         ←丛书名称
П. ИГНАТОВ
Братья-герои
Лит. ред. П. Глуховцова              ←文艺编辑者某某
Рис. художника партизана А. Лопатина
ИЗДАТЕЛЬСТВО ЦК ВЛКСМ "МОЛОДАЯ
        ГВАРДИЯ"
Москва 1949 Лениград
```

例 三一

Школьная Библиютека	←丛书名称:学校文库
В. Г. КОРОЛЕНКО	←著者
Избранные Произведения	←书名
Вступительная Статья и Примечание	}由某某所注解并作
А. Котова	序文
Госдарственное Издательство Детской Литературы	}出版社之全名
Министерства Просвещения РСФСР	
Москва 1953 Ленинград	←出版地　出版年

（六）凡有纪念作家诞生百年或百五十年等字样，并冠有著作家姓氏的，当为一种丛书名称（见例三十二和例三十三）。

例 三二

Пушкинская Б-чка	}丛书名称:普希金小
К 150-летию со Дня	文库
Рождения Великого Русского Поэта	
А. С. Пушкина	
А. С. П У Ш К И Н	
МЕТЕЛЬ	
Лениград 1949 Москва	

例 三三

Гоголевская б-чка. 1852－1952	←丛书名称:果戈理小
Н. Б Гоголь	文库
Ревизор	
Женитьба	
Драматические произведения	
Рис. П. Боклевского	
Ленинград 1952 Москва	

14

（七）凡题上项有图书馆科学方法研究室等字样所编的各种丛书，如读者须知、读书计划和业务辅导等，都可作为丛书（见例三十四与例三十五）。

例　三四

Государственная Ордена Ленина Библиотека СССР имени В. И. Ленина Научно-методический Кабинет	}←丛书名称
С. С. Левина	←著者
Иван Владимирович Мичурин	←书名
Памятка Читателю	←解释书名
Москва 1948	←出版地　出版年

例　三五

ГОСУДАРСТВЕННАЯ ОРДЕНА ЛЕНИНА БИБЛИОТЕКА СССР имени В. И. Ленина Научно-методический кабинет библиотековедения	}←丛书名称
Е. Каспина	
РАБОТА С ДЕТЬМИ В СЕЛЬСКОЙ БИБЛИОТЕКЕ	
МОСКВА	
1953	

（八）凡有"Академия Наук"（科学院）、"Институт"（研究院）、和 ИНСТИТУТ МАРКСА –ЭНГЕЛЬСА –ЛЕНИНА –СТАЛИНА при ВКП(б)（马、恩、列、斯研究院）等字样的，都作为丛书（见例三十六和例三十七）。

例　三六

Академия Наук СССР Институт филофофии	}←丛书名称
Учение И. П. Павлова и Философиские вопросы психологии	}←书名
Сборник Статей	←解释书名
Изд. Академии Наук СССР	←出版社之简名
Москва 1952	←出版地　出版年

例 三七

```
ИНСТИТУТ МАРКСА-ЭНГЕЛЬСА-ЛЕНИНА

при ЦК ВКП (б)                          }丛书名称

Том XXIX

Переписки К.Маркса-Ф.Энгельса

1846—1895

Государственное Издателъство

Политической Литературы

Москва 1941
```

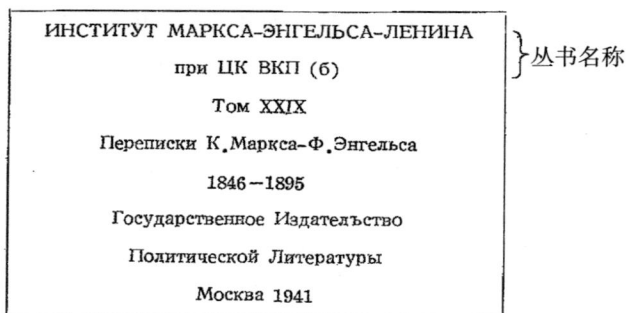

（九）凡题上项有 Серия(丛刊)字样的,当为丛书(见例三十八)。

例 三八

```
Академия Наук СССР

Серия "Итоги и проблемы            }丛书名称

Современной Наук"

Л. С. Берг

ОЧЕРКИ ПО

ИСТОРИИ РУССКИХ

ГЕОГРАФИЧЕСКИХ ОТКРЫТИЙ

2-е Изд.

испр. и доп.

Изд. АКАДЕМИЯ НАУК СССР

Москва 1952
```

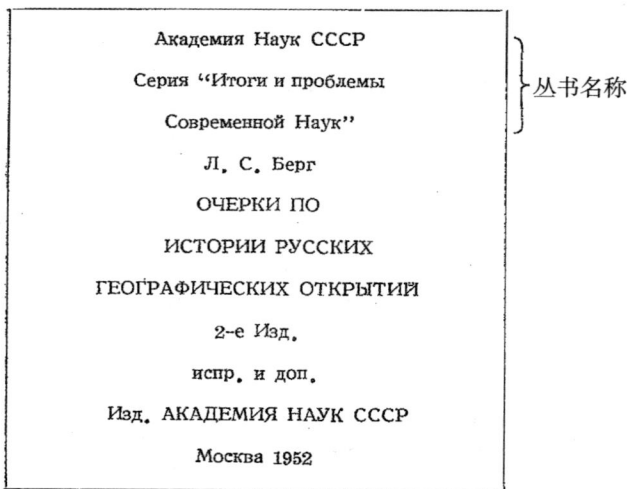

（十）凡由政府机关名义出版和某某研究院等字样者,当为丛书(见例三十九)。

例　三九

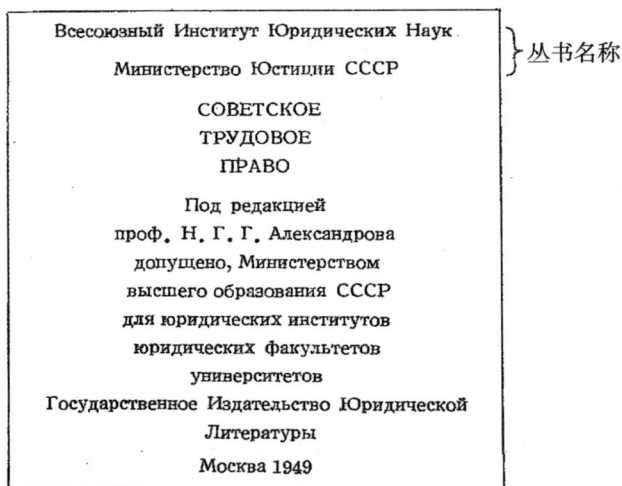

}丛书名称

二、书名

俄文图书的著者姓名，在书名上和书名下，是与著者姓名有关系的。在上面的是主格，在下面的是生格，编制主卡或补充卡时，如作为著录标目必须变为主格（见例四十，四十一）。

例　四〇

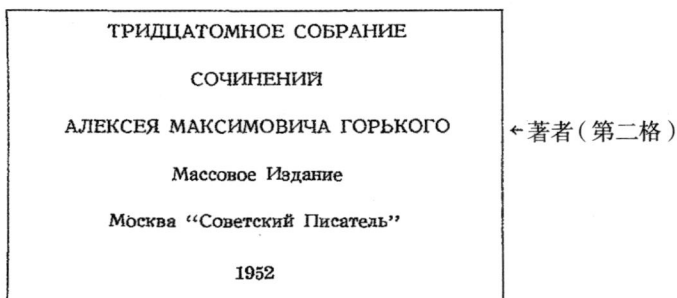

←著者（第二格）

例　四一

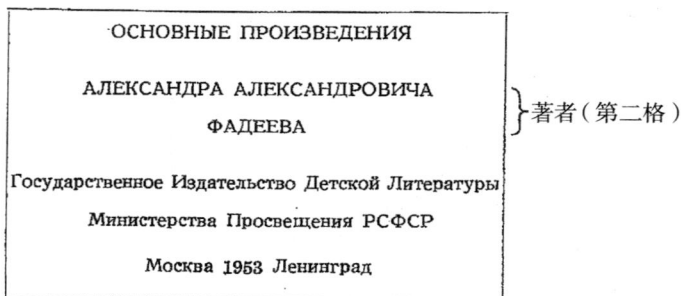

三、题下项

　　题下项包括解释书名(见例四十六),副书名(见例四十五),绘图者姓名(见例四十七),编纂者姓名(见例四十八),作序者姓名(见例四十九),翻译者姓名(见例五十),版本,版次(见例四十三)以及说明书的内容,除出版项外,几乎都包括在内,分行并列。但书名页上有时没有题下项(见例四十二)或题上项的(见例四十四,四十五)。

例　四二

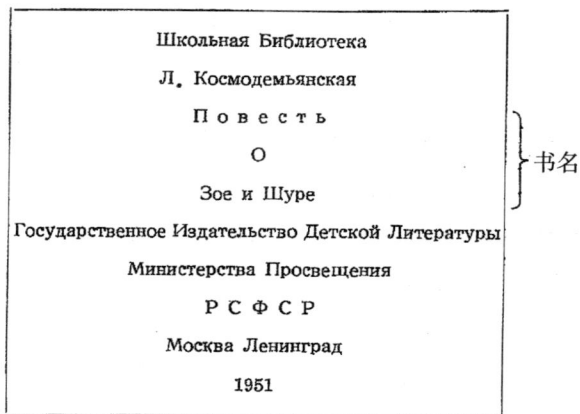

例 四三

АКАДЕМИЯ НАУК СССР

С. ВАВИЛОВ

ИОСИФУ ВИССАРИОНОВИЧУ СТАЛИНУ*   ←书名

4-е Издание

Издательство АН СССР

Москва 1950

例 四四

Коммунистическая
Партия
Советского Союза   }苏联共产党

В резолюциях и рещениях съездов,
конференции, и пленумов, ЦК

Часть I
1898—1925
Часть II
1925—1953

例 四五 （副书名之例）

Е. Юнга
БЕССМЕРТНЫЙ КОРАБЛЬ   ←书名
Рассказ
О   }副书名
Краснознаменном Крейсере "Аврора"
Государственное Издательство Технико-
Теоретической Литературы

Москва 1951

* 注意本例，书名为人名变了格的。

例　四六　（解释书名之例）

M. C. Арлазороз

Константин Эдуардович Циолковский　← 书名

(Его Жизнь и Деятельность)　← 解释书名

ГОСТЕХИЗДАТ

Москва 1950

例　四七

ШКОЛЬНАЯ БИБЛИОТЕКА
К. СИМОНОВ
Дни и Ночи
Повесть
Рисунок　}由某某绘图
Л. Голованова
Государственное Издательство Детской Литературы
Министерство Просвещения
Москва Ленинград
1949

例　四八

РУССКО–КИТАЙСКИЙ
СЛОВАРЬ
составили
Чэнь Чан-хао,
А. Г. Дубровский и А. В. Котов　}由某某等编纂
под редакцией
Чэнь Чан-хао и Б. С. Исаенко
около 26000 слов
ГОСУДАРСТВЕННОЕ ИЗДАТЕЛЬСТВО
ИНОСТРАННЫХ НАЦИОНАЛЬНЫХ СЛОВАРЕЙ
МОСКВА–1952

例　四九

```
АКАДЕМИЯ НАУК СОЮЗА ССР
ТОМАС МОР
УТОПИР
Перевод с Латинского и Комментарии
А.Н.Малена
и
Ф.А.Петровского
Вступительная статья
В.П.Волгина                          } 由某某作序文
2-е издание, дополненное
Издательство
Академии Наук СССР
МСМLIII.
```

例　五〇

```
Хэ Цзин-чжи и Дин-ни          ← 合著者
СЕДАЯ ДЕВУШКА                 ← 书名
ДРАМА                        }
в 5-ти действиях             }  解释书名
ПЕРЕВОД С КИТАЙСКОГО          }  由某某译自中文
П.Захарова                   }
Стихи Перевод С.Бытевой и Л.Левоневская.  } 歌曲由某某二人
                                          } 译自中文
Издательство Иностранной Литературы    ← 出版社之全名
Москва                       ← 出版地
1951                         ← 出版年
```

例　五一　（关于参考书之例）

A. Тимирязев
ОЧЕРКИ ПО ИСТОРИИ
Физики в России
Пособие
для
Студентов и Учителей
Теоретехлитгиз
Москва
1948

}　题下项：此系师生
参考材料之书

例　五二　（由杂志摘录而来的例子）

Б. Бахарев и другие
ЧУТКОСТЬ
(Из "Семья и школа")
ГОСУДАРСТВЕННОЕ УЧЕБНО-ПЕДАГОГИЧЕСКОЕ
ИЗДАТЕЛЬСТВО
МИНИСТЕРСТВА ПРОСВЕЩЕНИЯ РСФРС
МОСКВА ЛЕНИНГРАД
1951

}　题下项：由"家
庭和学校"杂志
而摘录的

例　五三　（关于指明为何人所用的例子）

Л. В. ГРОШЕВ и др.
БОТАНИК
(Учебник Для Учительских Институтов)
УЧПЕДГИЗ
Москва 1952

}　题下项：师范大学
教科书

```
┌─────────────────────────────────────────────┐
│          Историческая библиотека             │
│             В. СКОТТ                         │  ←著者
│           Квентин Дорвард                    │  ←书名
│  Сокращенный перевод, обработка и примечания │  ←题下项：简略译本
│              А. Горлина                      │
│       Второе переработанное издание          │  ←第二版改订本
│              Детиздат                        │  ←出版社之简名
│       Москва 1937 Ленинград                  │  ←出版地　出版年
└─────────────────────────────────────────────┘
```

例　五五

```
┌─────────────────────────────────────────────┐
│      В. Г. Поляков и В. М. Чистяков          │
│          Р У С С К И Й   Я З Ы К             │
│       ГРАММАТИКА, ПРАВОПИСАНИЕ,               │
│            РАЗВИТИЕ РЕЧИ                      │
│               Учебник                        │
│      Для Учащихся 4—го класса                │
│          Начальной Школы                     │
│           Издание шестое                     │  ←第六版
│             Утверждена                       │  ┐
│    Министерсвом просвещения РСФСР             │  ├苏俄教育部审定
│ Государственное учебно-педагогическое издательство │
│     Министерства просвещения РСФСР            │  ┘
└─────────────────────────────────────────────┘
```

四、出版者（Издательство）

俄文图书出版者的名称，多半是很长的，因为有许多是政府
机关专业书籍出版社，前面都冠有该机关的名称，如苏俄人民教
育委员会国立图书馆学目录学书籍出版者，苏联地质部地质图书
出版社等（见例五六）。著录时，一律用复合略语（简写名称）。

23

出版者名称多半在书名页下端,但有时并不如此。

例　五六

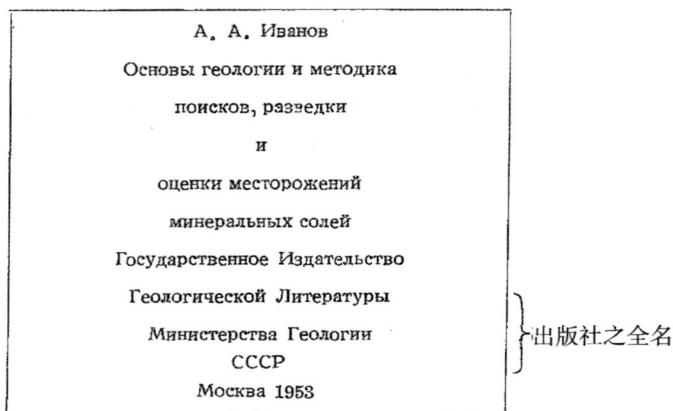

凡丛书名称、出版者和本书所属全集总名称等项,没有印在书名页上时,可在书名页的右边页上查到(见例五十七及例五十八)。

例　五七　(关于丛书名称印在书名页封面的例子)

На оборотом стороне титульного листа

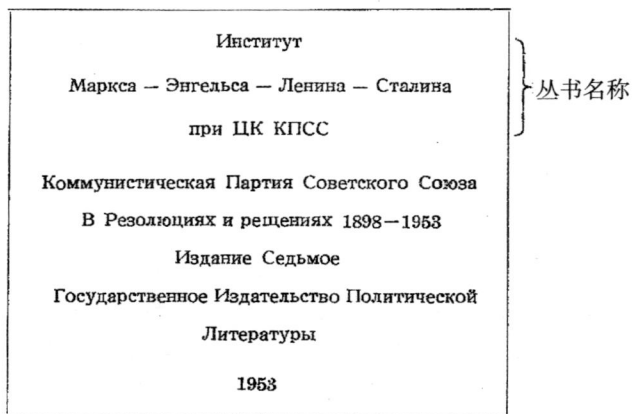

例 五八 （关于本书所属全集或某类集,另印在书名页对面的例子）

```
          М. Горький

          ПЬЕСЫ


          1 9 5 0
      Государственное Издательство
          ИСКУССТВО
      Москва — Ленинград
```

```
          М. Горький

          ЕГОР
        БУЛЫЧОВ
        И ДРУГИЕ
          сцены

          1 9 5 0
      Государственное Издательство
          ИСКУССТВО
      Москва — Ленинград
```

　　凡编辑者,校订者,翻译者及丛书名称,没有印在书名页上时,或可在书名页的背面查得(见例五十九、例六十)。获得斯大林奖金决议的记载,有时也在书名页的背面上找到(见例六十一)。

　　　　例 五九 （关于编辑者之例）
　　　　На обороте титульного листа

```
   Составили: Е·А. Золотарева, А.А. Кунина,    ⎫
                                                ⎬ 由某某等合编
   О.В. Савицк, З.П. Шалашова                   ⎭


   Редактор Б.А. Пескина               ← 由某某校订
```

例　六〇　（关于翻译者的例子）

На обороте титульного листа

Перевод А. Соболева　←某某的译本

Массовая серия　←丛书名称

例　六一　苏联部长会议,授予波列伏依的著作"真正的人"的绘图者
茹可夫斯大林奖金第二等奖金的决议的记在书名页背面上的例子。

Постановлением

Совета Министеров Союза ССР

Жукову

Николаю Николаевичу　}绘图者姓名

за иллюстрации к

Книге Б. Полевого　←著者姓名

"Повесть о настоящем человеке"　←引用书名

присуждена

Сталинская премия

второй степени

за 1950 г.

五、期刊 (Периоднческие издания)

期刊的书名页上的所载的事项,与书籍的书名页上所载的事
项,是有许多不同之处的。期刊书名页上,应予注意的事项有名
称、卷期的出版年月等等。兹举俄、英文例子各二个如下:

例　六二　（关于俄文几种期刊的例子）

АКАДЕМИЯ НАУК СОЮЗА ССР
И МОСКОВСКОЕ МАТЕМАТИЧЕСКОЕ ОБЩЕСТВО　←苏联科学院与莫斯科教学协会两个团体（全名）合办

У С П Е Х И
МАТЕМАТИЧЕСКИХ НАУК　}期刊名称
Том VIII, Вышуск 6 (58)　←卷期项
НОЯБРЬ－ДЕКАБРЬ　←出版年月
1953
Редакционная Коллегия:　←编辑部
К.И.Бабенко.И)М,ГельФанд,Н.В.Ефимов,
(зам.редактора)
А.Н.Колмогоров(редактор), А.Г.Курош,Л.А.Люстерник

例　六三 a

СОВЕТСКИЙ СОЮЬ
ЕЖЕМЕСЯЧНЫЙ,
ОБЩЕСТВЕННО-ПОЛИТИЧЕСКИЙ
ИЛЛЮСТРИРОВАННЫЙ ЖУРНАЛ　}期刊名称

No 3 (25)　　Март 1952 г　←出版年
Выходит в шести изданиях: На русском,
китайском, английском, французском, немецком
и
испанском языках　}俄中英法德西六国文字出版

例　六三 б

С О В Е Т С К А Я
МУЗЫКА　}期刊名称:苏联音乐

Орган Союза советских композиторов СССР
и Министерства культуры СССР　←苏联作曲家协会和苏联文化部，两个团体或机关的刊物

Год издания восемнадцатый　←已刊行一十八年

Ио 2　Февраль　1954　←期数　出版年月

27

例 六四 （关于英文几种期刊的例子）

```
              THE
         L I B R A R Y              ⎫
         Q U A R T E R L Y          ⎬ 期刊名
                                    ⎭
      A Journal of Investigation    ⎫
              and                   ⎪
      Discussion in the Field       ⎬ 说明内容
               of                   ⎪
         Library Science            ⎭
         Board of Editors           ← 编辑委员
         Managing Editor            ← 主编者
        William M. Randall
         Associate Editors
    Pierce Butler      Carleton B Joekel
  Volume XII        July 1942       Number 3   ← 第几卷  第几期
      The University of Chicago Press          ← 出版地
```

例 六五

```
         CHINA RECONSTRUCTS                  ← 期刊名称

      A Bi-monthly magazine published by the
            China Welfare Instute

                  5                          ← 第几期
                 1953                        ← 出版年
            EDITORIAL BOARD                  ← 编辑部
Ching Chung-hwa, Chairman Chen Han-seng; Vice Chairman
```

贰 人名变格

俄文书籍编目，最容易犯错误和最困难的地方，就是俄文人名的变格。在书名页上，常常见到一些人名，因为变格的关系，可能把它们当成了女作家，或者把一个人当成了几个不同姓名的人。因为俄文人名（或团体名称）在某些词的前后用生格（不是不同姓名的人），有时用与格，但有时在某些词前后用主格，在那种情形之下，就不必变格，但用生格与格时，就必须变成主格。了解俄文人名的变格是搞好编目工作的必要条件。兹试拟出若干规则和例子如下：

一、凡在"Редакционная коллегия"编辑委员会，"Ответственнвые редакторы"（负责编辑者，多数），"Составители"（编辑，多数），"Авторы"（著者，多数）и т.д.等词之后的人名，均不变格，因其不属于生格，如1，2，3 及 4 各例所示：

1.редакционная коллегия（编辑委员会、编辑部）：

  а)С.М.Иванов，А.М.Гуревия，иК.М.Вишнев.（不变格）

  б)С.А.Петришевский（отв.редактор）（主编），

  Д.Н.Шемякин，и А.Стаев.

2.Ответственные редакторы（责任编辑者，多数）：

  И.И.Нобинскнй，С.А.Петришевский и В.П.Чертков.（概不变格）

3.Составители（编纂者，多数）：

  Александров Г.Ф.，Галактионов М.Р.，Кружков В.С.，

Митин М.Б., Мочалов В.Д., Поспелов П.Н.(均不变格)

4. Авторы(著者,多数):

В.Коргагина, В.Никольский, Н.С.Стахуский, и В.Яковлев. (不变格)

二、人名之前冠有"Главный редактор"(总编辑),"Ответственный редактор"(主任编辑),"Составитель"(编纂者)等词,均是主格,故于著录时,不必变格。

1. Главный редактор Б.А.Выщенский(总编辑某某)

2. Ответственный редактор И.Я.Щипанов(编辑主任某某)

3. ,, ,, доктор Экономических наук проф. Конст. Попов(某某经济学博士某某教授为编辑主任)

4. Составитель А. Стаев(某某编纂(同志)员)

三、人名在定态动词过去时之后,如"Составил"(编纂了,阳性),"Составила"(编纂了,阴性),"Составили"(编纂了,多数)и т.д.等为主格,而不属于生格,故不变格。

1. Составил А.Г.Дубровский(某某编纂了)

2. Составила Л.Б.Хавкина(哈芙金娜编纂了)

3. Составили В.А.Кравинская и П.Г.Щ.ирякова(某某等编纂了)

四、人名之前冠有"Лит.ред."(文艺编辑),"Муз.ред."(音乐编辑),"Науч. ред."(科学编辑)和"Общ. ред."(总编辑)等词,均为生格(外来语除外),于编辑制主卡或补充卡时,均须变为主格。但写在题下项中,不须变格。

1. Лит.ред.(文艺编辑):

а)П.Казьмина(生格)　Казьмин,П.(变为主格)

б)Л.Тимофева(生格)　Тимофев,Л.(变为主格)

2. Муз.ред.(音乐编辑):

а)Е.Хоринской(生格阴性)　Хоринская,Е.(变成主格,阴性)

б)Я.Белинского(生格)　Белинский,Я.(变成主格)

3. Науч. ред.(科学编辑)：

а)проф.М.Тихонова(生格)　Тихонов,М.(变成主格)

4. Общ. ред.(总编辑)：

а)Н.Иванова(生格)　Иванов,Н.(变成主格 5)

б)З.Александровой(生格阴性)　Александрова,З.(变成主格,仍属阴性)

五、人名凡在 "Пер."（翻译）,"Пер.с англ."（译自英文）,"Пер.с китайск"（译自中文）,и т.д. 等词之后,均为生格,但于编制主卡或补充卡时,必须变成主格。

1. Пер.(翻译)：

а)Л.С.Берова(生格)　Беров,Л.С.(变成主格)

б)К.Г.Мостраса(生格)　Мострас,К.Г.(变成主格)

2. Пер.с англ.(译自英文)：

а)М.Лермонтова,М(生格)　Лермонтов,М.(变成主格)

б)К.Боломина и Т.Сикорской(生格—属阴性)

　　Боломин ,К.и Сикорская(生格)

3. Пер.с китайск(译自中文)：

а)В.Лебедева–Кумага(生格,双姓)

　　Лебедев–кумаг,В.(变成主格,双姓的两部分,均已变格)

б)П.Захарова(生格)　Захаров,П(变成主格)

六、人名凡在 "Под общей редакцией"（总校订）,"Под общим рукводством"（在某某指导之下）,"Под редакцией"（由某某校订）,"Под редакцией и спредисловием"（在校订并作绪论）之后,如 1,2,3 和 4 各例所示,均为生格,在编制主卡或补充卡时,如果作为著录标目,应变成主格,但在题下项中的姓名,不须变格。

1. Под редакцией общеи(由某某总校订):

М.М.Григорьяна(生格) Григорьян, М.М.(变成主格)

2. Под общим рукводством(在某某指导之下):

проф.А.Е.Смитринцкого(生格)

Смиринцкий, А.Е.(变成主格)

3. Под редакцией(由某某校阅):

а)Н.П.Васильева и ф Д.Хурстова(生格)

Васильев, Н.П.и Хуростов, Ф.Д.(变成主格)

б)проф.Н.Г.Александрова(生格)

Александров, Н.Г.(变成主格)

в)Комиссии ЦК ВКП(б)(委员会,生格)

Комиссия ЦК ВКП(большевиков)(变成主格)

七、人名凡在各词，如"Муз.и слова"(曲和词)，"Жизнь и деятельность"(生平事业)，"Обработка"(改编)，"Перевод"(译本)，"Примечание"(注释)，"Рис."(绘图)，"Редакция"(校订)，"Слова"(作词)，"Переписка"(通信)，"Жизнь и работа"(生活与工作)之后，如一至九各例，概为生格，于著录为主卡或补充卡时，须变成主格。

1. Муз.и слова(曲和词):

а)П.Латуна(生格) Латун, П.(变成主格)

б)П.Дмитриева–Кабанова(生格)

Дмитриев–Кабанов, П.(变成生格)

2. Обработка(改编):

а)проф.Д.Сказкина(生格) Сказкин, Д.(变成主格)

б)П.С.Шабелвского(生格) Шабельский, П.С.(变成主格)

3. Рис.(绘图):

а)А.Ермолаева(生格) Ермолаев, А.(变成主格)

б)Л.Петрова и В.Петрвой(生格,夫妻)

Петров,Л., и Петрова,В.(主格)

4. Редакция(校阅):

а) В.Белова(生格)　Белов,В.(主格)

5. Слова(作词):

Л.Н.Толстого(生格)　Толстой,Л.Н.(变成主格)

6. Переписка(通信):

Переписки В.В.Верещигана и В.В.Стасова,1874—1878(某某与某某的通信集一八七四— 一八七八年)

7. Жизнь и деятельность, или Жизиь и работа(生平事业、生活与工作):

а)Жизиь и работа И.В.Мичурина(生格)若与书名连写时,就不变格。

Мичурин,И.В.(变成主格)

б)Жизиь и деятельность Ивана Петровича Павлова(生格,姓名均须变格)　Паплов,И.П.(均变成主格)

8. Перевод(译本):

Перевод А.Горлина(生格)　Горлин, А.(主格)

9. Примечание Н.Славятинского(注释)　Славятинский, Н.(变成主格)

Н.Славятинского(生格)　Славятинский, Н.(主格)

Г.и Н Рорманровских(两兄弟,生格)　Корманровский.Г.и Корманровский,Н. 变格时须分成个别姓名。

八、人名在附有"C вступит. статей"(导言)和"Вступительная статья"(绪言):之后,均须由生格变成主格。

В.Диковской(生格)　Диковская,В.(主格)

九、若系献给某某首长或授予某某奖金,均作与格,如下三列所示,于编制主卡或补充卡时,须变成主格。

Иосифу Виссарионовичу Сталину （献给斯大林同志）
Сталин, Иосиф Виссарионович

Александру Сергеевичу Пушкину 献给伟大作家普希金
Пушкин. Александр Сергеевнч

Марии Анлреевне Масловой 授予某某（阴性）奖金
Маслова, Мария Андреевна

十、外来语勿须变格，但有例外。

Под редакцией: 校订

Чэнь Чан-хао и Б.С.Исаенко 陈昌浩和伊三克(不变)

Пер. 翻译

Л.Пелманис 彭里马尼斯(不变)

Ред. 编辑

Э.К.Кисель. 吉斯里(不变)

Рис.И.Бек 绘图　别克(不变)

Слова.А.Барто 作词　巴尔托(不变)

叁 目录上用词大写条例(Прописная буква)

　　俄文编目在字母大写上,是和英文编目有某些不同的,它有它特殊的地方和习惯用法。我们必须加以注意。下面是一些大写规则和例子,同学们掌握以后,可以取得编目上的精确和一致。

　　一、专有名词,如国名,须大写。例如:

Китайская Народная Республика. 中华人民共和国

Союз Советских Социалистических Республик. 苏维埃社会主义共和国联盟(简称苏联)。

　　二、专有名词,如地名,须大写。例如:

Это город Учан. 这是武昌城

Солнце над рекой Сангань. 太阳照在桑干河上

　　三、专有名词,如人名,须大写。中国人的姓名,姓的第一个字母须大写,如系双姓,两个姓的第一个字母都要大写。名字如系单名,第一个字母须要大写,如系双名第一个字的第一个字母须大写,第二个字的第一个字母不须大写,但须加一短横将两字分开。例如:

Мао Цзэ-дун. 毛泽东　　Го Мо-жо. 郭沫若

Чжу Дэ. 朱德

　　四、国际组织的名称各字的第一个字母都要大写。例如:

Организация Объединенных Наций. 联合国。

Международная Демократическая федерация Женщин. 国际民主妇联

五、节日及光荣称号每个字的第一个字母须大写。例如：

Герой Социалистического Труда. 社会主义劳动英雄

Первое Мая. 五一劳动节

六、机关、团体的名称以及国家的高级衔位每个字的第一个字母须大写。例如：

Народиый Политический Коисультативный Совет Китая. 中华人民政治协商委员会

Председатель Президиума Верховного Совета СССР. 苏联最高苏维埃主席团的主席

七　党及各研究院的名称第一个字第一个字母要大写,但在复合略语(简写名称)中,各个字母都须得大写,并不加句号。例如：

Коммунистическая партия Китая. 中国共产党

Коммунистическая партия Советского Союза. 苏联共产党

Академия наук СССР. 苏联科学院

КПК 中国共产党(复合略语,简写名称)

КПСС 苏联共产党(复合略语),但作为著录标目时,须用全名,不用简名。

АН СССР 苏联科学院(复合略语)

八、书中所引用其他书名的第一字母须大写并须加引号。例如：

О книге В.И.Ленина"Что делать? ". 论列宁的"做什么"一书

О работе И.В.Сталина"Об основах ленинизма". 论斯大林的"列宁主义的基础"一书

九、各历史事件第一个字的第一个字母须大写,但伟大的十月社会主义革命,及伟大卫国战争,第一和第二个字的第一个字母，都须要大写。例如：

Великая Октябрьская социалистическая революция. 伟大的十月社会主义革命

Великая Отечественная война советского народа. 伟大卫国战争

Вторая мировая война. 第二次世界大战

Народно-освободительная война китайского народа. 中国人民解放战争

十、出版社第一个字的第一个字母须大写。例如：

Государственное издательство оборонной промышленности. 国立国防工业出版社

Государственное научно-техническое издательство химической литературы. 国立化学科技出版社

肆　编目程序和条例(ПРОЦЕССЫ И ПРАВИЛА ОПИСАНИЯ)

一、基本著录和主卡

以著者为基本著录(Основное описание под автором)。

著者基本著录，包括以下各项：1. 著者项，2. 书名项，3. 题下项，4. 出版项，5. 图卷项，6. 题上项，7. 附注项，8. 提要，9. 书码。上述各项，是各该出版物的基本材料。当然，项目的详略，须视各该出版物和个别图书馆的具体情况而定，不应强求一致。下面是以著者为基本著录的卡片格式。

Схема авторского описания для каталогов и картотек

例　一

Шифр	Заголовок опимания. 著錄標目		
書碼		Заглавие. 書名. Подзаголовочные данные	
	題下項	............Выходные данные 版項出	
		Количественная характеристика 圖卷項...	
		(Надзаголовочные данные 題上項)...	
		...Примечания 附註項	
		Аннотация 提要	
		○	

(一)著者项(Заголовок описания автора)

Ⅰ. 个人著者，苏联男女作家的姓名，多由三部分组合而成，即己名，父名和姓氏(见例二)。在书名页上，著者多用简名，或将父名省略。目前缺乏俄文图书编目参考工具书，一时无从查得著者全部姓名，兹拟定下例规则：

（1）著录俄国著者姓名，概用简名（见例三，四）。书名页上的著者名，有全名也有简写。简写也有两种不同的情况：一是只用己名的冠首字母，二是用己名和父名的冠首字母，著录时，应先后一致。姓名在顶行，第一直线起写，先写姓后写名；姓名均用主格。姓与名之间用一逗号，空一格隔开。

例　二

	己名	父名	姓氏
男	Валентин	Петрович	Катаев
女	Валентина	Алесандровна	Любимова

例　三（全名见简名之例）

```
        Катаев, Валентин Петрович,
        см.
Катаев, В. П.


            ○
```

例　四

```
        Любимова, Валентина Алесандровна,
        см.
Любимова, В. А.


            ○
```

(2)著者惯用笔名,而又为人所熟知的,就以笔名为著录标目,但须制"见"参照卡,即由图书馆所不用的标目,见另一个应用的著录标目。例如,列宁,另制"Ульянов""见"参照卡。但如著者的笔名和他的真名,同样著名的话,最好用真名。如果在书名页上,没有著者姓名,而在本书内其他地方,如书名页的背面,序言,或封面上查到时,就用他作为著录标目,但须在附注项中注明,如果在书名背面找到时,也要在附注明项中注明,例如,Авт. указан на ооорототетит.л.(见例五,六)。

例　五

例　六

(3)凡著者附有院士,博士,教授,荣获斯大林奖金或列宁勋章者或劳动英雄等荣誉称号的在著录标目上,其称号一律省略。但在书名前或在题下项中附有职位或称号,而为书名之一部分

者,其称号或职位不得省略。例如:

1. Составила кандидат педагогнческих наук Н.Н.Житомирова= Житомирова,Н.Н.,сост.

2. Проф.О.Д.Сказкин= Сказкин,С.Д.

3. Ответственный редактор,доктор зкономических наук, проф.К.Попов= Попов,К.,отв.ред.

(4)凡著者为复姓,著录其全部姓氏,另制"见"参照卡,以姓氏的第二部分见全部分(见例七)。

例 七

```
┌───┬──────────────────────────────┐
│   │ Привой, А.С. Новиков——       │
│   │        см.                   │
│   │ Новиков——Привой, А.С.         │
│   │                              │
│   │                              │
│   │                              │
│   │            ◯                 │
│   │                              │
└───┴──────────────────────────────┘
```

(5)两人或三人合著的书,就将他们的姓名全部著录,在最后有一个姓名前加上"и"字,其先后次序,照书名页上所载,并须为第二个和第三个著者的姓名,各编制著者补充卡。如著者有三人以上时,只著录第一个著者姓名,在其姓名后,加上"и др."二字。"在苏联小型图书馆目录及出版物著录统一条例",简称"苏联统一条例"中,著者有四人时,以书名为主,将著者姓名完全列入附注项中。四人以上时,在附注项中,只写前三人姓名,另加其他"и др."等字样(见例八至十)。兹为简化编目手续,便利学习起见,暂不作此项规定(除马列主义经典著作外)。

例 八

此系十进类法号码　第一合著者　　第二合著者
　　　↓　　　　　　↓　　　　　　↓

470	Бобкова, А., и Земская, Н.
Б72	Учебник русского языка. Под редакцией и при участии Н.Н. Короткова и И.М. Пулькиной. Редактор китайского текста Г.Д. Гришин. М., ИЛЯ, 1953. 526 стр.

此系哈 → 芙金娜的 著者号码

← 书名

← 中文校订者

4Р　　　　　　　　○　　　　　　　941

　　↑　　　　　　　　　　　　　　　　↑
此系苏联小型图书馆分类号码　　　此系人民大学分类号码

例　九　三人合著者例子

第一合著者　第二合著者　　　　第三合著者
　　↓　　　　　↓　　　　　　　↓

91	Осипов,А.М.,Александров,В.А., и Гольберг, Н.М.
0—74	Афанасий Никитин и его время. М., Учпедгиз, 1951. 189 стр. с илл. карт.

← 书名

92　　　　　　　　○　　　　　　　11,825

　　↑　　　　　　　　　　　　　　　　↑
此系苏联小型图书馆分类号码　　　此系人民大学分类号码

对于第二个和第三个著者,各制一张补充卡的著录。

例　一〇　　三人以上合著者

```
 625  │Бизюкин, Д.Д., и др.
 Ь 358│Постройка железных дорог. Третье пе-
       │реработанное издание. Под редакцией Д.Д.
       │Бизюкина и А.В. Ливеровского.   М.,
       │Государственное транспортное железнодо-
       │рожное издательство, 1951.
       │576 стр. с илл.

 625                ○              15.4
```
↑ 　　　　　　　　　　　　　　　　　↑
此系苏联小型图书馆分类号码　　　　　此系人民大学分类号码

（6）凡一书汇编多数作家的作品，而成的文集，文选，歌曲集，故事集等，一般以编辑或校订者为著者，并于其后加逗号，空一格，写上"ред.，""сост.，"等字样。若无编校者，或四个以上著者，则以书名为著录标目（例十一）。

例　一一

```
874.8│Разумов, Р., сост. и пер.
 Р 17│Радостная встреча. Рассказы современ-
      │ных чехословацких писателей. Г. Воланская,
      │Тайна; К. Новый, Долгожданный гость; Я.
      │Дрда, Ангелы пана Гомека; И. Марек, Брат;
      │В.Стиборова, Победа; Ф. Зима, Радостная
      │встреча; М. Пуйманова, Письмо девушки из
      │бригады. Сост. и пер. Р. Разумова. Рис. Е.
      │Ругунгунгкера.  М., Детгиз,1951.
      │150 стр. с илл.
  8                ○              1033
```
↑ 　　　　　　　　　　　　　　　　　↑
此系苏联小型图书馆分类号码　　　　　此系人民大学分类号码

（7）凡是画集或画册，而另有人为之说明的，仍以绘画者为著录标目，姓名后加"илл."字样。必要时为说明者另制补充卡（见例十二）。

例　一二

绘画者
↓

915.1	финогенов, К. илл.
Ф60	В новом Китае. Рисунки художник К. финогенова. М., "Искусство", 1952. 96 стр. с илл.

"在新中国"
一个画家的画
←出版项

91С	○	12.31

↑ 此系苏联小型图书馆分类号码　　　　↑ 此系人民大学分类号码

(8)凡译多数人著作而成一书的,以译者为著者,于其后加一逗号,空一格地位,写"пер."(译者)字样(见例十三)。

例　一三

波得洛夫
↓

895.1	Петров, А. пер.
П30	Китайские сказки. М., "Сов. писатель", 1945. 124 стр. с илл.

←中国神话
←图卷项

8	○	1031

(9)凡作曲者均可作为著者,并于其后加"композ."字样(见例十四)。

凡曲选为某人所编,即以编者为主卡(见例十五)。

书码　　　作曲者　　　　　苏联国歌
　↓　　　　↓　　　　　　　↓

780	Александров, А. композ.	
А46	Гимн Советского Союза. Слова С. Михал-кова и Эль-Регистана. Укральский рабочий, 1953.	←由某某二人作词
	47 стр.	
78	○	863

　↑　　　　　　　　　　　　　　　　↑
此系苏联小型图书馆分类号码　　　　此系人民大学分类号码

例 一五

歌曲选集曲谱改编者

780	Шипицина, Н.И., сост. и обработ.	
Ш63	Пионёрские лагерные песни для детского хора с сопровождения фортепиана. Сост. и обработ. с переложением Н.И.Шипициной Ленинград, Государственное музыкальное издательство, 1949.	
	88 стр	
87	○	863

　↑　　　　　　　　　　　　　　　　↑
此系苏联小型图书馆分类号码　　　　此系人民大学分类号码

Ⅱ. 团体著者(Корпоративный или коллективный автор)

（壹）政府机关出版物及宪法和法规的著录法(Описание официальных и ведомственных изданий и подзаконных актов и официально-документальных материалов)

1. 国家政权的高级机关,地方政权机关和国家管理(行政)

机关的出版物著录法（Издания высших органов государствнной власти и местных органов， и государственного управлениа）

（一）苏联最高苏维埃，或其他权力机构的出版物，如苏联最高苏维埃主席团的命令（Указы Президиума Верховного Совета СССР）， 苏联部长会议的决定（постановленя Совета Мининстров СССР），苏联部长会议与苏联共产党中央委员会联名发布的决定（совместные постановления Совета Министров СССР и ЦК партии）， 各加盟共和国类似的出版物（аналогичные издания союзных республик），著录的标目，先为国家名称，次为机关名称，并用机关名称作"见"参照（见例十六，十七和十八）。

例 一六

著者:苏联　最高苏维埃主席团

357	СССР. Верховный Совет. Президиум.
С 75	Указы Президиума Верховного Совета СССР о присвоении звания Героя Социалистического Труда и награждении орденами и медалями СССР за получение высоких урожаев. Сталинабад, Гос. изд. Тадж. ССР, 1948. 60 стр.
35	○　　　　　　　　　3621 或 6124

46

例 一七

著者:中国人民政治协商委员会
               ↓

| 352
К 45 | Китайская Наррдная Республика. Народный
       политический консультативный совет.
   Общая программа народного полити-
ческого консультативного совета Китая.
(Принята 1-й сессией…2, сент. 1949 г.)　М.,
Госполитиздат, 1950.
   23 стр. | ← 书名:共同纲领 |
| 32Б | ◯ | 352 |

例 一八

| | Верховный Совет СССР
        см.
ССР. Верховный Совет. | |
| | ◯ | |

(二)著录苏联和各加盟共和国最高苏维埃会议的文件,应在机关的名称后,注明第几届,第几次会议,和会议的年期(见例十九至二十)。

例 一九

苏联　最高苏维埃　第三届　第二次会议　一九五一年
　　　　　↓

```
┌─────────────────────────────────────────────────┐
│457.1│ СССР. Верховного Совет. Созыв, 3-й.       │
│С 75 │ Сессия. 2-я. 1951.                        │
│     │ Заседания Верховного Совета СССР.         │
│     │(вторая сессия). 6-12 марта 1951 г.        │
│     │Стеногр. отчет. М., Госполитиздат, 1951.   │
│     │376 стр.                                   │
│     │                                           │
│     │                                           │
│35   │            ◯              3621            │
└─────────────────────────────────────────────────┘
```

例 二〇

立陶宛苏维埃社会主义共和国　最高苏维埃　第二届　第二次会议　一九四七年
　　　　　　　　　　　↓

```
┌─────────────────────────────────────────────────┐
│375.5│ Литовская ССР. Верховного Совет. Созыв,  │
│     │ 2-й. Сессия. 2-я. 1947.                   │
│     │Вторая сессия Верховного Совета Литов-     │
│     │ской ССР. 8-10 апр. 1947 г. Стеногр. отчет.│
│     │Каунас, Госполитиздат, 1947.               │
│     │122 стр.                                   │
│     │                                           │
│     │            ◯                              │
└─────────────────────────────────────────────────┘
```

　　(三)部长会议和各部及各直属机构的出版物,著录标目,先为国家名称,次为部长会议,或部名,或直属机构名称(见例二十一,二十二)。

48

例 二一

著者:苏联　部长会议
　　　↓

630	CCCP. Совет Министров.
С 75с	О порядке представления колхозников, работников МТС и совхозов к присвоению звания Героя Социалистического Труда и награждению орденами и медалями СССР за получение высоких урожаев пшеницы, ржи, кукурузы, сахарной свеклы и хлопка. Постановление № 3223 от 15 сент. 1947 г.　М. 1947.
63	24 стр.　　　　○　　　　3622 16.1

例　二二

		Совет Министров СССР см.	←部长会议,苏联见
		CCCP. Совет Министров.	←苏联部长会议
		○	

(四)凡国家名称,有规定的或惯用的简名,概用简名,另作
"见"参照卡,以全名名称见简名(见例二十三至二十五)。

例　二三

苏维埃社会主义共和国联盟(全名)
　　　　　↓

		Союз Советских Социалистических Республик, см.
		CCCP.
		○

例 二四

俄罗斯苏维埃联邦社会主义共和国（全名）

	Российская Советская федеративная Социалистическая Республика;
РСФСР.	см.
	◯

例 二五

美利坚合众国（全名）

	Соединенные Штаты Америки,
США.	см.
	◯

例 二六

著者:苏联重工业部（重型机器制造部）

336	ССР. Министерство тяжелого машинно-строения.	
С 75	Система цехового хозрасчета для заводов Министерстве тяжелого машиностроения (Руководящие материалы). Под ред. инж. М. Г. Умнягина. М., 1951. 112 стр. (Гос. союз. ин-т "Оргтяжмаш")	
33 С	◯	467251

50

例　二七

苏联内河运输部
↓

| 650
C75р | СССР. Министерство речного флота.
Сборник ведомственных нормалей МРФ на предметы хозяйственного, шкиперского судового и такелажного инвентаря. МРФ 1937-59, 1039-50; 1983-50. Л.-М., Речиздат, 1951.
104 стр. с черт. (МРФ СССР. Центр техн. упр.) |
| 627 | ○　　　　　　　1592 |

例　二八

苏联国家计划委员会
↓

| 310
С 75 | СССР. Государственный плановый комитет.
Сообщение Государственного планового комитета СССР и Центрального статистического управления СССР об итогах выполнения четвертого (первого послевоенного) пятилетнего плана СССР на 1946-1950 годы. М., Госполитиздат, 1951.
23 стр. |
| 31 | ○　　　　　　　4856 |

例　二九

| | Государтсвенный плановый комитет
СССР
см.
СССР. Государственненый плановый комитет. | ← 国家计划委员会,
苏联见
← 苏联国家计划委员
会 |
| | ○ | |

（五）地方政权机构的出版物，著录标目时，在其名称前加地方名称（见例三十）。

例 三〇

著者:尼古柱也夫省农业管理局
　　　↓

356.3	Николаевское обл. управление сельского хоз-
Н 63	яйства.
	План мероприятий по постановке сель-
	хоз-пропаганды, внедрению достижений
	науки и передового опыта и организации
	массового колхозного опытичества на 1951
	год. Николаев, 1951.
	15 стр.
352	◯ 　　　　　　　　4764

(六)宪法和法规著录法。

1. 宪法的本文,著录时,先写国家名称,后写宪法,并须注明
公布的年期(见例三十一)。

例 三一

著者:苏联　宪法
　　　↓

452.7	СССР. Конституция. 1936.
С 75	Конституция (Основной Закон) Союза
	Советских Социалистических Республик.
	С изм. и доп., принятыми на I, III, и V
	сессиях Верховного Совета СССР второго
	созыва. М., Воениздат, 1950.
	31 стр.
342	◯ 　　　　　　　　6121

2. 著录法规时,以公布该法规的政权机关名称,为著录标目
(见例三十二,三十三)。

343 С 75	СССР. Закон о судоустройстве СССР и союзных республик. М., Госюриздат, 1951. 15 стр.
34	◯　　　　　　　　　　61021

例 三三

著者:中华人民共和国　　书名:选举法
↓

342.5 К 45	Китайская Народная Республика. Избирательный закон. М., Юриздат, 1953. 97 стр.
34	◯　　　　　　　　　　61110

（贰）党，团，及工会的出版物的著录法（Описание изданий Коммунистического партии Советского Союза, официальных материалов Всесоюзиого Ленинского Коммунистического Союза Молодежи, и Всесоюзного Центрального совета профессиональных союзов）

1. 著录苏联共产党的出版物，以党的全名，作为著录标目，并制简名"КПСС"见全名的"见"参照卡（见例三十四至三十六）。

例 三四

著者:苏联共产党
↓

335	Коммунистическая партия Советского Союза.
К63	Устав Коммунистической партии Сосет- ← 书名:党章
	ского Союза. (Принят XIX с'ездом партии).
	М., "Правда", 1952.
ЗКП	24 стр.
	○ 321

例 三五(苏联共产党简名见全名例子)

	КПСС
	см.
	Коммунистическая партия Советского Союза.
	○

例 三六

	КПСС
	Описания изданий КПСС
	см.
	Коммунистическая партия Советского Союза.
	○

　2.第十九次代表大会以前出版的刊物,著录于各时期相应的简写名称之下。例如:俄国社会民主工党(РСДРП),俄国社会民主工党(布)(РСДРП(б)),俄国共产党(布)(РКП(б)),联共(布)(ВКП(б)),并作全名见简名的"见"参照卡。

3. 党代表大会,代表会议的出版物,著录于党的名称之后,加上代表大会(с'езд)或代表会议(Конференция)并注明次数(见例三十七,三十八)。

例 三七

著者:苏联共产党　代表大会　第十九次
↓

335.1 К 63	Коммунистическая партия Советского Союза С'езд, 19-й. Директивы XIX с'езда партии по пятому пятилетнему плану развтития СССР на 1951–1955 годы. Резолюция XIX с'езда ВКП (б) по докладу председателя Госплана тов.М.З. Сабурова. М., Госполиздат, 1952. 32 стр.
ЗКП	◯　　　　　　　　　　323

例 三八

著者:联共(布)　代表会议　第十八次
↓

335	ВКП(б) Конференция, 18-я. Резолюции XVIII Всесоюзной конференции ВКП(б). 15-20 февр. 1941 г. М.,Госполитиздат. 1941. 20 стр.
ЗКП	◯　　　　　　　　　　323

4. 党中央委员会及其全体会议的文件,著录时,在党的名称后,加上中央委员会(ЦК)或全体会议(ЦК Пленум)及全会会议年月(见例三十九)。

例 三九

著者:联共（布） 中央委员会
↓

335 B56ц	ВКП(б).ЦК. О постановке партийной пропаганды в связи с выпуском "Краткого курса истории ВКП (б)". Постановление ЦК ВКП (б).М., Госполитиздат, 1944. 24 стр.
ЗКП₁	○ 322

5. 加盟共和国共产党的出版物的著录法,仿照苏联共产党的刊物的著录编制,但须在其名称后,加上该加盟共和国名称(第二格)(见例四十)。

例 四〇

著者:共产党（布） 阿尔明尼亚 代表大会 第十五次
↓

335 К76а	КП(б) Армении. С'езд, 15-й. Резолюция XV с'езда Коммунистической партии (большевиков)Армении по отчетному докладу ЦК КП(б) Армении. Ереван, Айпетрат, 1951. 24 стр.
ЗКП	○ 323

6. 省,边区,市,和区的党组织及代表会议的文件,著录时,其标目,须在党的名称后,加上省边区,市和区的名称。代表会议并须注明数次(见例四十一,四十二)。

例 四一

著者:苏联共产党　涅克拉索夫斯基区委会
↓

335 К63н ЗКП	Коммунистическая партия Советкого Союза Некрасовский районный комитет. Постановления III-го пленума... от ноябр 1952 года"О состоянии и мерах по улучшению работы колхозных комсомольских организа- ций". Некрасовское, 1952. 6 стр. ○

例 四二

著者:联共(布)　代表会议　第十八次
↓

335.12 В 56 ЗКП	ВКП(6) Конференция, 18-я. Резолюции XVIII Всесоюзной конферен- ции ВКП(6). 15-20 февр. 1941 г. (М., Госпо- литиздат, 1941. 20 стр. ○　　　　　　323

　　7. 苏联列宁共产主义青年团的出版物著录法,也同苏联共产党的刊物一样编制,但团名一概用简称(见例四十三至四十五)。

例　四三

著者:苏共青团（简名）　代表大会　第十一次
↓

335.6	ВЛКСМ. Съезд, 11-й
В57с	Резолюции и документы XI съезда ВЛКСМ. М., ',Молодая гвардия'', 1950. 64 стр.
ЗКСМ	◯　　　　　　　　　　　325

例　四四（全名见简名例子）

全苏列宁共产主义青年团（全名）
↓

	Всесоюзный Ленинский Коммунистиче- ский Союз Молодежи 　　см. ВЛКСМ.
	◯

例　四五

著者:苏共青团　中央委员会
↓

335	ВЛКСМ. ЦК.
В57ц	Об изучении решений и материалов XIX соезда Коммунистической партии Советского Союза в системе политического просвещения в комсомоле. Постановления ЦК ВЛКСМ от 11 дек. 1952 г. М., "Молодая гвардия", 1953. 7 стр.
ЗКСМ	◯　　　　　　　　　　　325

58

7. 苏联工会中央理事会的文件,著录时,用简称(ВЦСПС)。全会会议的文件，也要在（ВЦСПС）之后，加上全体会议(Пленум),其后再写次数和年月(见例四十六和四十八)。

例　四六

著者:苏联总工会
↓

331	ВЦСПС.
В 90	Инструкция ВЦСПС об органзации ле-чеб ного питания для амбулаторных больных раб очих и служащих. М., 1950. 11 стр.
331	○　　　　　　　　.311.3

例　四七

苏联职工总会（全）
↓

| | Всесоюзный Центральный совет профес-сиональных союзов см. ВЦ СПС | ← 见　苏联总工会 （简名） |
| | ○ | |

例　四八

著者:苏联总工会　全体会议　第六次　一九五一年
↓

331	ВЦСПС. Пленум, 6-й. 1951.
В80п	Постановления VI пленума ВЦСПС. Об уилучшении работы профсоюзных организаций по руководству социалистическим соревнованием. — О ходе выполнения плана жилищного строительства Министерством строительства предприятий машиностроения. М., Профиздат, 1951. 16 стр. ◯ 311.3
331	

8. 其他机关,团体(科学文教机关),如学校,图书馆,工厂,矿场,集体农庄,等等的出版物,著录时,都以其名称为标目。名称中包括有国立(Государственный)或获得荣誉勋章等字样,可以省掉。例如:

В книге: 书中所题的

Государственная ордена Ленина библиотека

СССР имени В.И.Ленина

Московский государственный библиотерный

институт им.В.М.Молотова

В описании: 著录上所采用的

Биолиотека им.В.И.Ленина

Московский библиотечный

институт им.В.М.Молотова

60

```
630.4 | АН | СССР
В 46  |    | Памяти академика В.Р.Вильямса.
      | М.,| 1949.



63    |    |                  ○                16(3)
```

⬆ 此系苏联小型图书馆分类号码　　　　　⬆ 此系人民大学分类号码

9. 各种组织的代表大会,代表会议等的文件,以代表大会,代表会议等名称为著录标目,并在其名称后注明次数。如果大会没有顺次的号次,就在其名称之后,加上开会所在地地名。国际会议除有固定开会地址,如联合国外,须于其名称后,加注会议所在地地名,会议次数,和年期。会议名称之后,加一逗号,空一格,写会议地地名,再空一格,写会议年期(见例五十至五十二)。

例　五〇

苏联艺术工作者　代表大会　第十次
　　　　　　　　⬇

```
706  | Про|фсоюз работников искусств СССР. С'езд,
П84  |    |    10-й.                                    ← 书名：第十次职工
     |    | Постановления Х с'езда профсоюзов            会对苏联总工会工
СС   |СР по отчетному докладу о работе                  作总结报告的决定
ВЦ   |СПС.(27 апр. 1949 г).З-е изд.　М.,
Про  |физдат 1949.
     |    |46 стр.


706  |    |                  ○
```

例　五一

扩大焦煤富源科技代表会议　一九五一年
↓

662.8 Н34	Научно-техническая конференция по расширению ресурсов коксующихся углей. 1951. Труды... Сталино обл.изд., 1951. 187 стр.	←书名:汇报
632	○	15.11.5

例　五二

世界保卫和平大会　第一次　巴黎——普拉加(二地举行)
↓

172 В85	Всемирный конгресс сторонников мира, 1-й. Париж—Прага. 1949. Материалы. 20-25 апр. 1949 г. М., Госполитиздат, 1949 535 стр.	←书名:文件
17	○	392411

例　五三

亚洲及太平洋区域和平大会　北京　一九五二年
↓

172 К65	Конференция сторонников мира стран Азии и Тихого океана. Пекин. 1952. Обращение к народам мира...
	○

例 五四

联合国 大会 第六届 一九五一年
　　　　　↓

341.1	ООН.Генеральная ассамблея.Сессия, 6-я.
0-59	1951. Резолюции... ←书名:议案

〇.

10. 国际组织的出版物,概以组织名称为著录标目。国际会议,除在固定开会地址如联合国外,须于其名称后,加注会议所在地地名,会议次数,和年期。会议名称之后,加一逗号,空一格,写会议所在地地名,再空一格,写会议年期(例五十五至五十六)。

例 五五

著者:四外长会议 柏林 一九五四年
　　　　　↓

341.1	Совет министров иностранных дел четверых
С 56	стран. Берлин. 1954. Резолюция...
341	〇 3924

例 五六

著者:军事停战委员会　平壤
↓

355 341.1 B63	Военная комиссия по перемирию. Пинлань. Протоколы...
355	◯ 3923

(二)书名(Заглавие)

(1)著录时须照书名页上著录,不得随意省略,必要时,书名后可加说明(见例五十七)。

(2)凡书名前有著者姓名时,照式著录,但书名后著者为名之部分,更不得省略,格亦不变(见例五十八)。

例 五七

著者　书名　解释书名(一个画家的笔记)
↓

914 P66	Рог инская, А. Зараут-сай. (Записки художника) Рис унки автора. М., Географгиз, 1950. 156 стр. с илл.	←插图由作家自绘
61C	◯ 12.8	

64

例　五八

```
┌──────────────────────────────────────┐
│ 570.8│Док|учаев, В., глав.ред.        │ ←编译者
│ Д63  │   П.Костычев, К. Тимирязев, В. Вильямс. │ ←书名
│      │изб|ранные произведения.  М., Изд. МГУ., │
│      │1948. 373 стр.                 │
│      │                               │
│      │                               │
│  67  │           ○              13.6 │
└──────────────────────────────────────┘
```

例　五九

```
┌──────────────────────────────────────┐
│ 625  │Тра|нсжелдориздат. ред.        │
│ Д79  │   Г. Д. Дубелир выдающийся теоретик и │ ←书名
│      │пра|ктик советского дорожного строительства │
│      │Сбо|рный статей.М., Трансжелдориздат, │
│      │1950. 54 стр.                  │
│      │                               │
│      │                               │
│ 625  │           ○              15.3 │
└──────────────────────────────────────┘
```

(3)凡以人名作书名,人名前冠有职位,如院士某某,著录时,在书名内不得省略(见例六十)。

例　六〇

```
┌──────────────────────────────────────┐
│ 920  │Иванова, Н. Ф                  │ ←著者
│ И20и │   Академик Михаил Федорович Иванов. │ ←书名:伊凡诺夫
│      │                                     院士│
│      │                               │
│      │                               │
│      │                               │
│   7  │           ○              11.86│
└──────────────────────────────────────┘
```

(4)凡译自某种文字,以译名为主。如中文俄译本,可将中文原书名注明于附注项中(见例六十一)。

例　六一

893	Лю	Бай-юй.	←著者
Л 93		Три бойца. Рассказы. Пер. с китайского	←书名
	М.	ИЛ., 1953.	（题下项一）
			（题下项二）
		原文書名：『無敵三勇士』	
8		○	1031

(5)凡书名著录后,名称有更改时,须将更改名称著入附注项中(见例六十二)。

例　六二

873	Ост	ровский, А.Н.	
О-77		Несостоятельный должник. М.,"Молодая	←书名："无力还债的
		гвардия", 1947.	人"
		Измененное заглавие "Банкрот": за	←在一九四九年时书
	1949	г.	名改为"破产者"
8C		○	1022

(6)书名包括有说明书性质或内容的字样,应视为题下项(见例六十三)。

例　六三

```
┌─────┬──────────────────────────────────┐
│ 617 │ Ней│ман, Л.                         │ ← 著者
│ H 46│ Болезни носа, горла и уха. Краткий курс.│ ← 书名
│     │ М., Медгиз, 1951.                  │
│     │ 135 стр. силл.                     │
│     │                                    │
│ 617 │           ○              14,38     │
└─────┴──────────────────────────────────┘
```

　　　　↑　　　　　　　　　　　　　　　　　　↑
此系苏联小型图书馆分类号码　　　　此系人民大学分类号码

(7)凡有续篇,须于附注中载明之(见例六十四)。

例　六四

```
┌─────┬──────────────────────────────────┐
│ 873 │ Тол│стой, А.                        │
│ T 580│ Восемнадцатый год. М., "Красная   │ ← 书名
│ газе│та", 1950.                          │
│     │ 147 стр.                           │
│     │                                    │
│     │ Трилогия: "Хмурое утрое", "Сестры".│ ← 附注:三部曲:"阴
│     │                                    │   暗的早晨","两姊
│ 8P  │           ○              1032      │   妹"
└─────┴──────────────────────────────────┘
```

(8)凡属两种文字对照,应载入附注项中(见例六十五)。

例　六五

```
书码→ ┌─────┬────────────────────────────────┐
      │ 780 │ Цей│гер, Ю. ред. и пер.          │ ←改编者姓名
书名{ │ Ц 32│ Десять русских, украинских, белорусских,│
      │     │ лит│овских, и эстонских народных песен для│
      │     │ сме│шан. хора. (Муз.) Обработка и пер. на│ ←(第二格)
      │     │ эсто│н. яз. Ю. Цейгера. Пер на рус. яз. П.│ ←译者姓名
      │     │ Ант│она. М., Музгиз, 1953.       │ ←(第二格)
面数→ │     │ 67 стр.                          │ ←出版项
      │     │ Текст паралл. на рус. и эстон. яз.│ ←两种文字对照本
      │ 78  │           ○              862     │
      └─────┴────────────────────────────────┘
```

　　　　↑　　　　　　　　　　　　　　　　　　↑
此系苏联小型图书馆分类号码　　　　此系人民大学分类号码

(9)书名写于著者行下第二直线起,如一行不足,续行自第一直线写起(见例六十六)。

例　六六

510.9	Гне	девко, Б.
Г 56		Очерки по истории математики в
	Рос	сии.　М., Гостехиздат, 1949.
		257 стр.
51		◯　　　　　　13.33

(三)题下项(Подзаговок)

凡解释书名或注明译自某种文字,某人所译、某人所校、某人所编、某某绘图、某人作序、版次、版本(如改订本、审订本及再版本等)以及戏剧集、小说集之个别名称,均照书名页所载顺序写入题下项,并可采用略语。

题下项之各项冠首字母均须大写,其后用一句号,空一格地位,再著录其他各项。如一行不足,下一行应自第一直线写起。关于版次,卷数,戏剧之几幕几景均须改写阿拉伯数字,于其后加一短划,附以该数字相应的性、数和格的语尾变化。题下项上的各项均不变格(见例六十七至七十六)。

68

例 六七

以书名为主卡　　　　　　　（解释书名）
↓　　　　　　　　　　　　　↓

016.8 Л 28	Лауреаты Сталинских премий 1951. Проза. Поэзия. Драматургия. Литературная критика и искусствоведение.　М., Б-ка им. В. И. Ленина, 1952. 97 стр. с портр.
002	◯　　　　　　　17.165

例 六八

626 Л 21	Ламб, Г. Гидродинамика. Пер. с 6-го английского　←（译自英文第六版） издания.　М., Гостехиздат, 1949. 928 стр,. с илл.
621	◯　　　　　　　15.1

例 六九（编著者）

423 Ч-975	Чэнь Чан-хао, Дубровский, А. Г., и Котов, 　А. В. сост. Русско-китайский словарь. Под редак- цией Чэнь Чан-хао и Б. С. Исаенко.　М., ИНС., 1952. 975 стр. "Географические названия": стр. 928-939.　←附地名一览表九二 "Грамматические таблицы русского　　　　八至九三九页 языка: стр. 941-974.　　　　　　　　　　附俄文文法表九四 　　　　　　　　　　　　　　　　　　　一至九七四页
4Р	◯　　　　　　　17.41

例　七〇

绘图者→

目录卡→
片追寻

923	Веретеников, Н.
Л45в	Володя Ульянов. Воспомитания о дет- ских годах В.И. Ленина в Кокушкине. Рис. А.Давыдовой. М., Детгиз, 1939. 48 стр., с илл. Автор–двоюродный брат В. И. Ленина сверстник его детских, школьных лет.
	1. Ленин, В. И.　　I.Заглавие. 　　　　　　　　　II.илл. Давыдова.
ЗК26	○　　　　　　　11.85

←著者
書名

附注項:著者是列
宁的叔伯兄弟同
時又是同学

←須制書名卡
←須制绘画者
补充卡

例　七一（说明书的用途）

027	Денисьев, В.Н.
Д33	Работа массовой библиотеки. Краткое руководство для начинающего библиотекаря. Ивд. 4-е испр. и доп. Под ред. А. А. Хренковой.　М., Госкультпросветиздат, 1952. 210 стр. с илл.
	1.Библиотековедение I.Заглавие 2.Библиотечное дело II.ред.Хренкова, 　А.А. 3.Массовые библиотеки
02	○　　　　　　79411

←著者
←書名
←解釋書名
←出版項

←須制書名卡
←須制绘图者副卡

↑
此系苏联小型图书馆分类号码

↑
此系人民大学分类号码

例　七二（分册）

530.7	Грабовский, М.
Г579	Лекционные демонстрации по физике. Вып. 3-и. Магнетизм. М., Госиздат, 1950. 266 стр. с илл.
53	○　　　　　　13.342

70

例 七三（版次版本）

665 Г79	Лосиков, Б.В. и Лукащевич, И.П. Нефтяное товароведение. 7-е изд. переработ. и доп. М., Гостоптехиздат, 1952. 420 стр. с илл.
622	○　　　　　　15.11.512

← 书名：石油商品学

例 七四（三幕剧）

873 Р93	Рыбаков, А. Кортик. Инсценировка Б. Юрцева в 3-х действиях, с прологом. М., Детгиз 1953. 47 стр. с илл. (Школьный театр)
8Р	○　　　　　　1022

例 七五（独幕剧）

872 С432	Склютаускас, И. Если ты человек...Пьеса в одном акте. Авторизованный пер. с литовского В.Потемкиной и Х.Херсонского. М., "Искусство", 1953. 23 стр. (Одноактные пьесы)
8С	○　　　　　　1022

← 著者
← 书名："如果你是人…"
← 著者认可之译本
　（题下项）
← 丛书注

71

920	
335	Александров, Г.ф. и др. сост.
С76а	Иосиф. Виссарионович Сталин. Краткая биография. Изд. 2-е, испр. и доп. М., Госполитиздат, 1950. 243 стр. с портр.
	Подстрочное примечание. ←脚注
ЗК36	○ 11.825

例　七七（小说集）

873	
Щ37	Шевченко, Т.
	Художник, музыкант, примечание. Повести. М., Гоелитиздат, 1953. 131 стр. с илл.
8С	○ 1082

（四）出版项（Выходные данные）

出版项包括出版地，出版者及出版年。

（1）凡有两个或两个以上的出版地，只取前一个（在苏联小型图书馆图书目录及出版物著录统一条例中，有两个出版地时，规定一并著录。中间加一短划，兹为简便起见，只取前一个）。除莫斯科和列宁格勒可用"М."和"Л"代替外，其余概用全名。也可以"М.-Л."代替莫斯科和列宁格勒二地。名称后加一逗号，续写出版者名称。若书名页上或书中其他处查不出时，就写"6.м."出版地缺。

（2）苏联出版者名称，应尽量采用简名，其后用逗号，续写出版年。如书名页上所载为简名，可照样著录。

（3）出版年一律用阿拉伯数字，如书名页用的罗马数字，也须改为阿拉伯数字。

（4）出版项写于书名或题下项之后，空三格写起，一行不足，次项自第一直线续写（见例七十八至八十）。

例　七八

```
┌─────┬──────────────────────────────────────┐
│ 621 │ Кореняко，А.С. и Кременштейн，Л.И.      │ ←出版地
│ К66 │ Теория механизмов и машин．  Киев，   │
│     │ Гостехздат，УССР.，1952.              │
│     │ 584 стр. с черт.                       │
│     │                                        │
│     │   п. Механизм                          │ ←须制标题卡
│     │      Машина                            │ ←须制标题卡
│     │   соавт.                               │ ←须制第二合著者卡
│     │                                        │
│ 62  │              ○              15.7       │
└─────┴──────────────────────────────────────┘
       ↑                          ↑
此系苏联小型图书馆分类号码      此系人民大学分类号码
```

例　七九

```
┌─────┬──────────────────────────────────────┐
│ 321 │ Мор，Томас.                            │
│ М76 │ Утопир．  Пер. с латинского коммен-   │
│     │ тарии А.Н.Малена и Ф.А.Петровского.   │
│     │ Вступительная статья В.П.Волгина. 2-е │
│     │ изд.，доп．  М.，Изд.АН СССР.，1953.   │
│     │ 326 стр.                               │
│     │                                        │
│ 30  │              ○                39       │
└─────┴──────────────────────────────────────┘
```

例　八〇

020.3 Хав	кина, Л.Б.
Х12	Словари библиотечно-библиографичес- ких терминов: англо-русский, немецко-рус- ский, французско-русский. (ред. П.Х. Кананов, И. Масанов, и К. Р. Симон.)　М., союзной кн.пилаты, 1952. 232 стр. С приложением списка латинских терми- нов: стр. 148-157.
Ю. Все   нов:
02	○　　　　　　　　13.42

（五）图卷项（稽核项）（Количественная　характеристика）

（1）页数，凡全书仅一卷，或一册，用阿拉伯数字。其后加上页"стр."，册或卷"т."，分册"вып."，部分"ч."或篇"кн."。一书正文以外的页数，一并加以著录。如原为罗马数字的，仍用罗马数字。又序文，目次，正文，附录等各有起讫页数须合并计算，以阿拉伯数字记其总数，并以括号括之（见例八十一至八十三和九十一）。

（2）如果图表等包括在书中页数之内，就在页数后写（с илл.）（=с иллюстрациями），例如:（138стр.с илл.；），（ⅩⅥ,420 стр.с илл.）。

如果没有包括在页数内，就要计算机它的页数或幅数来著录，例如（95стр.；6л.илл.；）（120стр. с илл.；2л. илл.）。

如所有图表是属一性质的，就用合宜的字表示出来，例如（82стр.с портр.；）（152стр.；5л.карт.），Ⅴ,126стр.с илл.；10л. по-ртр.）（见例八十四）。

如果性质不同，而其中某一种可以说明本书的性质，增加它的使用价值时，也要分别注明，例如，（215стр.с илл.,портр.）（424 стр. илл.15 л. илл. карт.）。

74

例 八一

546
M25
	Мардашеев, С.
	  Вопросы медицинской химии. М.,
	Госхимиздат, 1951.
	  Т.1. Вып. 1 и 2, 368 стр.

54	◯ **13.42**

←第一卷，第一和第
二分册页数

↑ 　　　　　　　　　　　　　　　　　↑
此系苏联小型图书馆分类号码　　　　此系人民大学分类号码

例　八二

873
Т53в
	Толстой, Л.Н.
	  Война и мир. М., Гослитиздат, 1949.
	4 т. во 2 томах.
	  Т. 1 и 2: 732 стр. с портр.
	  Т. 3 и 4: 781 стр.

	◯

←四册合订二册或
四卷合订二卷
卷一和卷二共 732
页带肖像
卷三和卷四共 781
页

(六)题上项(Надзаголовочные данные)

题上项大部分是标明丛书的名称(серия)和类似丛书的名称
的其他一切有关的记载。而这些名称或记载，也都是说明该机关
或团体，对其出版是负责的。如果书中出版名称或与题上项完全
相同时，著录时，可将出版人只在题上项注明，而在出版项中可以
省去。如果题上项中机关名称，还包括有它的附属机关名称时，则
出版项中出版社名称，就不能省去，例如，在题上项的记载上，印
有 (苏联科学院·通俗科学丛书)(Акад. наук СССР. Науч.-
попул. серия)，而在出版事项中，又有 (苏联科学院出版社)

（Издательство Акад. наук СССР），两处都要著录（见例八十四）。丛书注在图卷项后，空一公分写起，可用略语。有中文译名可供参考，另加括号，一行写不完时，次行自第一直线续写（见例八十三和八十四）。

例　八三

著者：波列沃伊　　　书名："真正的人"

873	Полевой, Б.
П49п	Повесть о настоящем человеке. Рисунки Н. Жукова. М., Гослитиздат, 1951. 328 стр. с илл: (Библиотека советского романа).
	Повесть удостаёна Сталинской премии. Жуков, илл.:Лауреат Сталинской премии.

←茹可夫的图画
←丛书名称：苏联小说文库
←此本小说曾获得斯大林奖金
茹可夫画家斯大林奖金荣膺者

不管机关或团体的名称，在书上题在丛书之前或之后，都是先写机关或团体名称，再写丛书名称。两者之间，用句号隔开（见例八十四）。

例　八四

928.7	Ковалевская, С. В.
К56 С.Я АН СССР	Воспоминания и письма. Ред. и коммент. С. Я. Штрайха. Изд. 2-е, испр. и доп. М., АН СССР, 1951. 576 стр. с илл.; 1 л. портр. (Акад. наук СССР. Науч.-попул. сер. Мемуары). Библиогр.: стр. 542-558.
8С	11.851

←苏联科学院出版
←丛书名称：（苏联科学院，通俗科学丛书,言行录）
参考书目：542-558页

(七)附注项(Примечание)

附注项是补充说明一书的特征,以简明,扼要,清楚,恰当为原则。以下所举的例子,是在著录中常见的附注。

(1) 关于著者的。例如:著者系荣获斯大林奖金的 (Авт.-Лауреате Сталинской премии)(见例八十五);封面或书中其他地方的著者与书页上不同的(Наобл. автор:)(见例九十)。

著者姓名题在书名页背面的 (Авт. указан на обороте тит.л.)(见例八十六), 在书名前有一个著者姓名不同的(Перед загл. авт. :Н.Щедрин)(М.Е.Салтыков),表明著者姓名在书名前的,并表示他是土克曼苏维埃社会主义共和国科学院通讯院士的(Перед загл. авт.:В.В.Никитин,чл. -кор. Акад. наук Туркм. СССР)。

注明三个以上的著者的(Авт.:А.А.Покровский, А.И.Ыла-зырин,А.Г.Дубов идр.), 在书名页背面印有编辑者的(На обороте тит.л.сост.:)(见例八十九), 著者姓名封面没有记载著者的(На обл.авт.не указан)。

(2) 关于书名的:书名的歧异, 例如:封面上的书名(На обл.загл.:Памятка для такелажников)(见例九十)。又有译本名为:(Переведен также подзагл.: Коммунистнческой мани-фест),该书曾在一九五一年荣获斯大林奖金(Повесть удостоена Сталинской премнн за 1951)(见例八十八)。书名变更(Измененное заглавне)(见例六十二)。俄华两国文字对照(Текст паралл. нарус. и китайск. яз.)(见例九十三)。

(3) 关于一书的续篇, 或是另一著作的续篇, 例如,Продо-лжение романа "Огни"(见例九十四)。或书名不能表示书的内容,而须注明目次的(见例九十五至一〇〇)。

4. 书内有参考书目或附录的,著录时,还应注明页数,例如:参考书目:二五〇—二五二页(Бнблиогр.: стр. 250–252),地名一览表:九二八—九三九页(Географические названия)(见例九十一,九十二)。

(5)书内有边注,脚注(Подстрочное примерание)(见例七十六)。

(6)关于俄英两种文字的书Текст на русском и англ. яз. 亦须注明(见例九十三)。

(7)外文书籍有俄文译本,如果知道时,也在附注项中,注明原文书名(Загл. оригинала:)。

例　八五

书码→　|　873　|　Полевой, Борис.
包括页→　|　П49　|　Мы советские люди.　　М., "Сов. писа-
数附有　|　　　|　тель", 1949.
插图　|　　　|　349 стр. с илл.
　　　|　　　|　　←出版社之简名
　　　|　　　|　　←出版年
　　　|　　　|　Автор: Лауреат Сталинской премии.　←著者:斯大林奖
　　　|　8C　|　　　　　○　　　　　1032　金荣膺者

　　　↑　　　　　　　　　　　↑
此系苏联小型图书馆分类号码　　此系人民大学分类号码

例　八六

|　590　|　Иванович, К.А.
|　И21　|　Некоторые вопросы методики препода-
|　　　|　вания на агро—зоотехнических курсах.
|　　　|　М. Сельхозгиз, 1952.
|　　　|　31 стр.
|　　　|　Авт. указан на обороте тит.л.　←附注:著者姓名题
|　59　|　　　　○　　　　16.62　　　　在书名页背面的

78

例 八七

索书号码上面号下面书号 著者 书名
↓ ↓ ↓

872	Симонов, Константин.	书名:"友与 ←敌"（诗集）
С37д	Друзья и враги. (Книга стихов). М., Гослитиздат, 1949. 52. стр.	←出版项 ←图卷项
附注项 →	Автор: Лауреат Сталинской премии. Eng. translation: Friends and foes Transalator: Irina Zhukhovitckaya	←斯大林奖金荣膺者 ←英译本书名 ←译者姓名
8C	○ 1012	

↑ ↑
此系苏联小型图书馆分类号码 此系人民大学分类号码

例 八八

873	Катаев, В.П.	← 书名:"拥护苏维埃 政权"长篇小说
К29	За власть Советов. Роман. Переработ. изд. Рис.О.Верейского. М., "Пролетарий" 1952. 600 стр.	
	Роман удостоен Сталинской премии за 1951.	← 此篇小说在一九五 一年已经荣获斯大 林奖金
8C	○ 1032	

例 八九

822	Шекспир, Вильям.	←交替书名
Ш40	Двенадцатая ночь или Что угодно. Пер. М.Лозинского. М., "Искусство", 1953. 94 стр.	
	Загл. оригинала: Twelfth night; or, What you will	←英文原书名
8	○ 1024	

例　九〇（以书名为主的例子）

620 П15	Памятка по технике безопасти для слесарей. ←
	Киев–Москва, Машгиз, 1950. 54 стр. (Техника безопасти) ←
	На обороте тит.л. сост.: Е.Г.Кириенко ← На обл. загл.: Памятка слесарью.
	1. Слесари. ←
62	○　　　　　　15.7

← "钳工技术安全
　须知"

←丛书名称:技术安全

←书名页背面载有编
　者姓名

←封面上的书名"钳
　工须知"

例　九一

356 Ч-52	Четверукин, Г.Н.
	История развития корабельной и берего- вой артиллерии.　Л.Военмориздат, 1942. 5 т., с:илл. и.портр.
	Библиогр. т. 5. стр. 271-274. ←
356	○　　　　　　571

←参考书目在第五卷
　272-274 页

↑
此系苏联小型图书馆分类号码

↑
此系人民大学分类号码

例　九二

422 Ч-975	Чэнь Чан-хао, Дубровский, А.Г., и Котов,
	А.В. сост. Русско–китайский словарь. Под редакцией Чэнь Чан-хао и Б.С.Исаенко. М.,ИНС., 1952. 975 стр.
	"Географические названия":стр.928-933 ← "Грамматические таблицы русского языка": стр. 941-974.
4Р	○　　　　　　17.41

←地理名称一览表,
　928-933 页
　俄语文法表,941-
　974 页

80

例　九三

780	Сарьян, Г.
С21	Песня весны. Концертный вальс для меццо-сопрано, тенора, смешан. хора и симф. оркестра. Слова Г.Сарьяна. Пер. В. Звягинцевой. Партитура. Ереван,Айпетрат, 1952.
	50 стр.
	Текст паралл. на рус.и арм.яз.
78	863

←书名:"春天之歌"

←萨里扬作词

←兹维雅金采娃所译

←正文:俄阿两种文字对照

例　九四

873	Толстой, А.
Т530	1951. Хмурое утро. М.,"Сов.писатель",
	206 стр.
	Продолжение романа ''Восемнадцатый год''.
8С	1032

←此书有续篇:"十八年"即"一九一八年"

↑此系苏联小型图书馆分类号码　　　↑此系人民大学分类号码

（八）目次（Содержание）

目次是说明本书之内容项目的。

俄文图书的目次，多半在书的后面。为了使读者充分了解一书的内容，应尽可能记载篇章目次。但一书不能从书名页上悉其内容时，应将篇章名称记入目次项。无必要时可以省去。

先写著者姓名（名首字母在前，姓在后），若采用分行著录时，则姓在前，名在后，以逗号分离之，接着篇名，加一句号和短划，再写第二篇著者姓名和篇名，余类推（见例九十五至一〇〇）。

例 九五（以书名为主要著录例子）

朋友歌曲选　题下项：一,二,三,四音和独唱不要手风琴伴奏

780.8 П235	Песни друзей. Хоры на 1,2,3,4 голоса с солистом без сопровожд. баяна. Пере- лож. для баяна П.Губарькова. Пер. С. Болотина и др.　М.:Музгиз; 1953. 47 стр.

古巴利可夫　为手
←风琴改编
包洛津等译

Содержание: А. Виеру, Песня о Сталине.
Слова А. Барто (Румын.)—С. Г. Сумма,
Солнце народов (О Сталине)Слова Ч. Чимида
(Монгол.),А.Нануфник,Песня о партии. Слова
А.Левина. (Польская). –Г.Златев-Черкин,
Наша партия. Слова К.Масларски (Болгар.).
–Я.Ежек.

目次（连续记载法）
←维叶鲁，斯大林颂，
巴尔托作词（罗马
尼亚）·-苏马，斯大
林：人民的太阳，齐
明达作词（蒙古）·-
那努佛尼克，歌颂
党，小维拉作词（波
兰）·-兹拉捷夫切
尔金，我们的党，马
斯拉尔斯基作词
（保加利亚）见下卡

Продолжение следует на ближайщей
карточке или См.след. карт.

○

例　九六

780.8 П235	Песни друзей.

←添卡

Содержание(продолжающееся)
Против ветра. (Чехословац.)-Восток заалел.
(Китайская нар.песня),Обработка Хо Лу-
тина.–Песни о молоте. (Англ.рабочая песня)
Обработка Е.Ветланова.–...

←目次项（续）

←反对风（捷克）东方
红（贺绿汀改编）

78　　　　○　　　　863

↑　　　　　　　　　　↑
此系苏联小型图书馆分类号码　　　　此系人民大学分类号码

82

02 Д38	Детская библиотека. Изд. 2, значительно доп. и испр. Сост. М. А. Ижевская. Под ред. В. Н. Кессених. М., Госкультпро- светиздат, 1952. 247 стр. Содержание: Васильева, В. Индивидуальное руководство чтением. Гакина, Т. Каталог. Гусева, Н. Актив библиотеки и читательские кружки. Ижевская, М. А. Воспитание навыков См. след. карт. ◯

←目次项

←子目分行记载法例
子

←见下卡

873 П86	Пушкин, Александр Сергреевич. Повести Белкина. Илл. Д. Шмаринова. Л., Лениниздат, 1948. 139 стр. с илл. Содержание: Выстрел. -Метель. -Гробов- щик. -Станционный смотритрель. -Барышня- крестьянка. 8Р ◯ 1033

目次项：射击·-暴
风雪·-棺材制造
人·-驿长·-女农民
的姑娘

873 О-72	Осеева, В. А. Васек Трубачев и его товарищи. Повесть. М., Детгиз, 1951-52. 3 кн. с илл. Содержание: Кн. 1. Рис. Н. Петровой. 1951. 264 стр. Кн. 2. Рис. Г. Фитингофа. 1952. (Школь- ная б-ка) 384 стр. Кн. 3. Рис. Г. Фитингофа. 1952. 364 стр. Первые две книги удостоены Сталинской премии. 8С ◯ 1033

在目次项中分卷记
入第一卷由某某绘
图，一九五一年，264
页

第二卷由另一绘图
者绘图，并收入学校
文库丛书中

头二卷获得了斯大
林奖金

```
┌─────────────────────────────────────────────┐
│ 570  Мичурин, И.В.                           │ ← 著者
│ M71л  И.В.Мичурин Сочинения. В четырех       │ ← 书名
│      томах. Сост.Т.Лысенко.    М., Огиз, 1942.│
│      4 т., с илл. и портр.                    │
│                                               │
│      Содержание:                              │ ← 目次项子目分行记
│ т.3.│Записные книги и дневники. 670 стр.      │   载法例子
│ т.2.│Помологические описания. 615 стр.        │ ← 各卷的书名及页数
│ т.1.│Принципы и Методы работы. 715. стр.      │   按字顺记载（不照
│ т.4.│Сборный. 608 стр.                        │   卷次排列）
│                                               │
│ 57                  ◯              13.6       │
└─────────────────────────────────────────────┘
   ↑                           ↑
此系苏联小型图书馆分类号码        此系人民大学分类号码
```

（九）书码（Шифр книги）（обозначение места на полке）

书码或索书号码，是由类码和书号两部分组合而成的。类码取自图书馆所采用的分类表，书号取自哈芙金娜的著者号码表。书号包括著者姓氏第一个字母以及按照该表规定的二位号码取用（见例一〇一）。

（1）如果一书没有著者，取该书书名第一个字母。书名第一个字如系数字，须将它译成俄文。传记书籍取被传者姓氏第一个字母的数字后，再加著者姓氏第一个字母（大写）（见例一〇二至一〇四）。文艺书籍可不用书码，按照著者姓名次序排列，亦可。

（2）马克思列宁主义经典著作，如在分类表中，有专用类目，例如苏联小型图书馆分类法，和中国人民大学图书馆图书分类法，（3K1，3K13）为马克思、恩格斯著作的号码，（3K2，3K23）为列宁著作的号码，（3K3，3K33）为斯大林著作号码。这样，就不必再用著者号码。个别著作采用书名第一个字母，以及按照该表适合该书书名最前一个音节的一个数字。大全集、全集、或选集，则用（А，Б，В），也不加号码（见例一〇五至一一三）。

（3）著者姓氏第一个字母为"3"，"O"，"Ч"的，须在各该字母

84

后,加一短划,再写数字(见例一一〇至一一四)。若是号码后,须要加上大体字母"O"时,也要加上一短划(见例九十九)。

使用方法见原本或东北图书馆所编译的哈芙金娜的著者号码表。

例 一〇一

621.3	Мерцалов, Н. И.	
М52	Основы радиотехники сверхвысоких частот. Л., Судпромгиа, 1952. 420 стр., с черт. 1. Радиотехника	
621.3	○	15.1011

←索书号 ┌书号
      │ 或
← 书码 └类码

　↑　　　　　　　　　　　　　　　　↑
此系苏联小型图书馆分类号码　　此系人民大学分类号码

例 一〇二

530.92	Присуждение Сталинских премий по физике.	
П71	за 1951 г. М., "Связи", 1952. 296 стр., с портр. 1. Сталинсие премии по физике.	
53	○	11.88.13

←类码
←书号取自书名的头一个字母

　↑　　　　　　　　　　　　　　　　↑
此系苏联小型图书馆分类号码　　此系人民大学分类号码

例　一〇三（以书名为主例子）

类码　　书名前有阿拉伯数字

087	1952	календарь. Справочник.　М.,Госполи-
T.93		тиздат, 1953.
		767 стр., с.портр
03	◯	17.5

←书号是由数字"千"
　译成俄文而取得的
　号码

例　一〇四（关于她的）

类码　　著者:双姓

92З.7	Ковалевская, С.В., о ней.
К56П	Полубаринов-Кочин, П.Я. отв. ред.
	Памяти С.В.Ковалевской. Сборник.
	статей. Отв. ред. чл.-кор. АН СССР.П.Я.
	Полубаринова.　М., АН СССР. 1951.
	32 стр.　(Акад. наук СССР. Ин-т миро-
	вой лит. им. А.М.Горького. Науч.-попул.
	серия).
92	◯　　　　　　　　11.87

书号是由被传者的
←姓氏而取得的号码
加上姓氏头一个字
母，又加上类号而成
为索书号码
书名："科瓦列夫斯
卡娃的回忆"丛书
名称：苏联科学院，
高尔基世界文学研
究院,通俗科学丛书

例　一〇五（马列主义经典作家）

3К1М	Маркс, К.
К1л	К критике политической экономии.
	М., Госполитиздат, 1949.
	270 стр.
	◯

←马克思专用类号
←书号取书名头一个
　字母
书名："政治经济学
批判"

例 一〇六

3К1Э	Энгелс, Ф.	
Р68	Роль труда в процессе превращения обезьяна в человека. М., Госполитиздат, 1948. 18 стр. Перевод китайск. загл.: 中文譯本: 從猿到人	
	○	

←恩格斯专用类号
←特别书号

例 一〇七

3К2	Ленин, В.И.	
А	Полное собрание сочинений. Мо, Госполитиздат, 1949. 35 т., с портр.	
	○	121

←列宁特别类号
←书号:大全集特别号码

例 一〇八

3К3	Сталин, И.В.	
Б	Сочинения. М., Госполитиздат, 1951.	
	○	131

←斯大林专用类号
←特别书号:全集号码

例　一〇九

特别 → 书号

ЗКЗЗ	Сталин, И.В
O-11	О диалектическом и историческом
	материализме.　М.,Госполитиздат, 1951.
	35 стр.

← 书名:关于辩证唯
物主义与历史唯
物主义

133

例　一一〇

873	Золотовский, К.
3-80	Подводные мастера.　Рис. И.Харкевича.
	М.-Л.,Детгиз, 1950.
	195 стр.
	Рассказы о самоотверженном труде бес-
	страшных "подводных солдат" — советских
	водолазов — в дни Великой Отечественной
8С	войны и в мирное время.

← 书名:水底能手
← (要短划的书号)

→ 关于英雄的水兵的
忘我精神劳动故事

1032

例　一一一

	1
873	Осеева, В.А.
O-72	Васек Трубачев и его товарищи. Повесть
	М., Детгиз, 1951 — 1952.
	3 кн., с илл.
	См. след. карт.

← (要短划的书号)

例 一一二

	2
873 О-72	Осеева, В.А. Кн. 1. Рис. Н.Петровой. 1951. 264 стр. Кн. 2. Рис. Г.Фитингофа. 1952. (Школьная б-ка). 394 стр. Кн. 3. Рис. Г.Фитингофа. 1952. 364 стр. Первые две книги удостоены Сталинской премии.
8С	◯ 1032

← 前两部曾获得
斯大金奖金

例 一一三

890.92 Ч-56Е	Ермилов, В. Антон Павлович Чехов, 1860—1904. Изд. 2-е переработ. Переплет и титул художника Евч. Бурчукера М., "Молодая гвардия", 1949. 169 стр., с илл. портр.
8Р	◯ 11.87

← (要短划的书号)
并加上著者姓氏头
一个字母

例 一一四

873 П86м	Пушкин, А.С. Метель. Рис. Д.Шмаринова М.-Л., Детгиз, 1949. 24 стр. (Пушкинская б-чка. К 150— летию со дня рождения великого русского поэта А.С.Пушкина).
8Р	◯ 1032

例 一一五

823	Стивенсон, Р.Л.
C 80-0	Остров сокровищ. Пер. с англ. Н. Чуковского. М.-Л.,Детгиз, 1949. 183 стр. (Школьная б-ка)
	◯ 1034

← 书号和大"0"间须
加短划字母之

二、以书名为主卡的著录法 （Основное описание под заглавием）

凡是没有个别著者的图书,如年鉴,历书,百科全书,小说或戏剧汇集,诗文选集而又无重要编校者,以及四人以上的论文汇编等,均采用以书名为主的著录法。

著录的方法是悬行式(Висячая строка),书名自第一直线起写于著者项,一行写不完时,次行自第二直线起续写。其他各项记载以著者为主的著录同(见例一一六至一二一)。

例 一一六 （书名为主卡）

010	Книги 1952 года. Рекомендательный Указа-
К53	тель литературы для библиотек. М.,Госкультпросветиздат, 1952. Вып. 1., 106 стр.
	1. Книги. 2. Рекомендательная библиография.
01	◯ 17.1533

90

037	1952	календарь. Справочник.　　М.,Госполи-
Т93		тиздат, 1953. 767 стр. с портр.
059		◯　　　　　　　　　　　17.5

← 书名:一九五二年之
图书

028	Библиотека самообразования. Круг чтения.
Б59	Выпуск 1,Кн.1.　Что читать по истории ВКП(б). История зарубежных стран.　　М., Госполитиздат, 1952. 296 стр. 1. Самообразование. 2. Книги и чтение. ◯

← 书名:自学文库
题下项:读书小组

720.9	Советская архтектура за 30 лет РСФСР.
С56	М., Архигиздат; 1950. Вып. 1, 340 стр. 1. Архитекура. 2. Архитектура РСФСР — История.
72	◯　　　　　　　　　　　8422

037 Б79	Большая советская энциклопедия. Главный редактор: С.И.Вавилов. 2-е изд. М., "БСЭ",1949- Т.1-21, с илл., карт., портр. Т.1: А–Актуализм, 1949. Т.2: Акты–Ариетта. 1950. Т.3: Аризона–Аячно. 1950. Т.4: Б–Березко. 1950. 　　　　　　　　　　　　　　См. след. карт.

←书名:大百科全书

例 一二一

书名:"人民的文
←学"题下项:完全中
学和非完全中学五
年级到七年级读本

870.8 Р50	Родная литература. Хрестоматия для 5-го 7-го класса неполной средней и средней школы Изд. 3-е. М.,Учепедгиз,1941. 3 т., с илл.,портр. Т.3: изд. 2-е. Т.1. Составлена коллективом ленинград- ских и московских педагогов.-Т.2. Соста- вили А.С.Толстой и др.-Т.3. Составлена коллективом ленинградских и педагогов под редакцией Л.С.Троицкого.

←卷三第二版

三、辅助著录与辅助卡片 （Вспомогателвные описания и вспомогательные карточки в алфавитном каталоге）

1. 辅助著录与辅助卡片,在字顺目录中有很大作用,是帮助读者们,用与主要著录标目不同的著者姓名或书名容易在目录中查得所需要的作品。

2. 辅助著录有三种:（1）补充著录(Добачвочные описания)（2）丛书著录(серийные описания)（3）分析著录(аналитические описания)。

3. 辅助卡片有两种：(1)参照卡(ссылочные карточки)(2)参考参照卡(справочные карточки)。

(一)辅助著录通常是人名和书名的。但不是给每一种都作，乃是按其需要。图书有下列情况，须编制相应的补充著录标目，合著者(на соавторов)，编校者(на редакторов)，书名(на заглавие)，书中所论述的人物(на лицо)，机关(на учреждение)，团体(на организацню)或地方(на местность)。图书应具有的补充著录的数目，依图书馆类型，读者需要的性质有所不同。除了上述各种之外还可以编制译者补充卡，(на перевоздчика)，绘图者补充卡(на иллюстратора)，及补充书名为主的著录的编辑人补充卡(на составителя)，和集体著者补充卡(коллективного автора к описанию под заглавием)и т.д.

人名补充著录的标目由下列方式构成：姓氏，名首字母，并在其后，空一公分加上相应的简写字，如"ред."(=редактор)，"пер."(=переводчик)，"нлл."(=иллюстратор)，"о нем."，"о йей."，但合著者后面，可以不用"соавтор"字样。

所有补充卡的著录标目，一律从第二直线起，但在第一横线上写，一行写不完时，次行从第二直线右退二格续写。下一行从第一直线起写基本著录标目，再下一行从第二直线起写书名，题下项(只写版次出版项上省出版人项)(见例一二二至一三四)。

例　一二二

左侧卡片内容：

Шифр	Заголовок добавочного описания.
	Заголовок основного описания.
	Заглавие. Подзаголовочные данные (повторность издания). Выходные данные (место и год издания).

右侧注释：
←补充著录标目
←主要著录标目
书名：题下项：只写版次，出版项：只写出版地和出版年

例 一二三 （主著录或主卡）

925.4 М 50П	Писаржевский, О.Н. Дмитрий Иванович Менделеев. 1834-1907. Изд. 2-е, доп. М.,"Молодая гвардия", 1951. 464 стр. с илл'; 18 л. илл., портр, (Жизнь замечательных людей). Библиогр.: стр. 459-462. Присуждена Сталинская пермия 2-й степени за 1950 г. ◯

例 一二四 （关于人物的补充卡）

925.4 М 50П	Менделеев, Д.И.,　о нем. Писаржевский, О.Н. 　Дмитрий Иванович Менделеев. Изд 2-е. М.,1951. 　　　◯

例 一二五

654 Ж 51	Железнодорожный транспорт в металлургии (Справочник). М.,Металлургиздат, 1951. 591 стр. с черт.; 8 л. черт. Перед загл. авт.: С.С.Берлянд, Л.Е. Плешков, А.И.Столяров и др. Библиогр.: стр. 545-546. ◯	←附注书名前有四个 以上著者

例　一二六（四个以上著者补充卡例子）

654	Берлянд, С.С. и др.	← 合著者补充卡
Ж51	Железнодорожный транспорт в металлургии.	← 主要著录标目
	(Справочник).　　М.,1951.	

例　一二七（绘图者补充卡）

著者姓名　绘图者姓名　书名
　　↓　　　　↓　　　　↓

893	Жуков, Н. илл.	
П49п	Полевой, Б.	
	Повесть о настоящем человеке.　　М.,	← 出版地和出版年
	1951.	

例　一二八　（编辑者补充卡）

著者　编辑者
　↓　　↓

616	Петеров, Б.Д. ред.	
Ю 16	Юдин, Т.И.	
	Очерки истории отечественной психи-	
	атрии.　　М.,1951.	
616		2543

以书名为主要著录标目　　改编者姓名

780.8	Губарьков, Н. перелож.
П 28	Песни друзей. Хоры на 1, 2, 3, 4, голоса с солистом без сопровожд. баяна. М., 1953. ← 出版地和出版年
78	○ 863

例 一三〇（译者补充卡）

843	Соболев, А. пер.
Ф 69	Флобер, Г. Простая душа. М.,1953.
	○

　　书名从第二直线起写于第一行，空一公分，接写题下项（只写版次）。

　　书名从第二直线起，写于第一行，空一公分，（若有版次）在版次后空一公分，接写出版地和出版年。若一行写不完时，移到下一行，从第二直线右退半公分（二格）续写。主要著录标目写于下一行，从第一直线起（见例一三一和一三二）。

```
┌─────────────────────────────────────────────────────┐
│  923  │ Детские и школьные годы Ильича.             │
│  Л45у │       М.-Л.,1952.                            │
│       │ Ульянова, А.И.                               │
│       │                                              │
│       │                                              │
│       │              ◯                               │
│  92   │                               11.825         │
└─────────────────────────────────────────────────────┘
```
　　　　↑　　　　　　　　　　　　　　　　　　↑
此系苏联小型图书馆分类号码　　　　　此系人民大学分类号码

```
┌─────────────────────────────────────────────────────┐
│  873  │ Штурм зимнего    М.-Л.,1948.                │
│  С 12 │ Савельев, Л.                                 │
│       │                                              │
│       │              ◯                               │
│  8С   │                               10.32          │
└─────────────────────────────────────────────────────┘
```

四、多卷书的著录法（Описание многотомных изданий）

　　所谓多卷的书籍,是指一种两卷或多卷的,经常有两个书名,(一个总书名,一个分卷的书名)的出版物。这种出版品可能是一人的或几个人的作品,类似丛书而又不是丛书的一种出版物。它包括论文汇集,百科全书,科学汇报等等。此种的书籍要用特别方法来著录。须以总书名或第一卷的书名,作为一部整套书来进行著录。用一张或几张连续的卡片加以总的著录,并在主要卡片上列入目次,将书内各卷分别著录出来,使读者从卡片中能清楚了解该书的实际内容。其格式如下：

例　一三三（多卷的书的著者为著录标目格式）

书码　著录的标目　书名　题下项　注名本馆现有的卷数

Шифр	Заголовок описания.	
	Заглавие. Подзаголовочные данные Указание номеров томов, частей и т.п. Выходные данные.	←出版项 ←不写图卷项并不空行
	(Надзаголовочные данные)....................	←题上项
	Примечания............................	←附注项
	Аннотация.............................	←提要项
	Спецификация..........................	←子目项
	См. след. карт.	←见下卡

　　多卷书的著录方法有二种，一是对于总括（综合）的书名，作一张总录的卡片，须在题下项后，注明全书卷数（第一卷和末一卷），并在数目字间作一短划，如 T.1–12.，但省略图卷项。子目须要写明：卷次，该卷的书名，题下项（项目之间空一格），出版年，页数及图表等（出版年前后都空一公分）。一张写不完时，再续写第二张和第三张。每张上端（第一横线上面）中间注明番号（见例一三四至一三六）。

98

例 一三四

1

873	Гоголь, Н.В.
Г58	Собрание сочинений. В 6-ти т. Т.1-6.
	М., Гослитиздат, 1949-1950.
	Т.1. Вечера на хуторе близ Диканьки.
1950	. XLVIII, 327 стр.; 12 л. илл., портр.
	Т.2. Миргород. 1949. 247 стр.;
15 л	. илл., портр.
	Т.3. Повести. 1949. 252 стр.;
19 л	. илл.,портр.
	Т.4. Драматические произведения.
1949	. 349 стр.; 14 л. илл., портр.
	См. след карт.

←卷一至卷六出版项
←卷一·书名,出版年,页数和图表等
←卷二·书名,出版年,页数和图表等
←卷三·书名,出版年,页数和图表等
←卷四·书名,出版年,页数和图表等
←见下卡

例 一三五

2

	Т.5. Мертвые души. 1949. 426 стр.;
23 л	. илл., портр.
	Т.6. Избранные статьи и письма. 1950.
359	стр.; 10 л. илл., портр.

←第五卷,书名,出版年,图卷项
←第六卷,书名,出版年,图卷项

例 一三六 （此系第二张卡片的背面倒转头来圆孔向上在左边下端写画的著者和书名,可以简写例子）

Гоголь
Собрание сочинений

←著者姓氏
←总的书名

例　一三七　（多卷书的总书名为主的著录格式）

多卷书的总书名　题下项　注明卷数（限于本馆所有的卷数）

Шифр	Заглавие.Подзаголовочные данные,указание	
	меров томов, частей и т.п. Выходные данные.	← 出版项
	(Надзаголовочные данные)	← 题上项
	Примечания	← 附注项
	Аннотация...........................	← 提要项
	Спецификация.....................	← 子目项
	○　　　　　См. след. карт.	← 见下卡

　　第二种方法,是用两张卡片分别著录。第一张著录总书名,也是像总录的卡片一样,在题下项后,注明卷数(一至几册或几卷)。出版项照写,但省略卷项。在第二张上,写每卷及其书名,出版年,页数和图表等。一张写不完时,再续写一张(见例一三八和一三九)。

　　但著录前,须要明了,哪是总书名,哪是部分书名(分卷的书名)。因为总书名的刊印在书中没有一定的地方的,有时印载书名页上与分册书名一起,有时在书名页左边页上与书名对着的,或在书名页背面的。

例 一三八 （以总书名为主的著录例子）

总书名：“十二月党人”的社会政治与哲学三卷选集，题下项：“十二月党人”
起义一百二十五年周念纪（一八二五年到一九五〇年）

↓

1	
	Изб‖ранные социально-политические и фило-
	софские произведения декабристов. Изд.
в 3-	х т. К 125-летию восстания декабристов.
1925-	1950. Общ. ред. и вступит. статья И.Я.
Щипа‖нова. Подготовка текста и при-
меч.	С.Я.Штрайха. Т.1-3. М., Госполи-
тиз‖дат,1951.
	(Моск. ордена Ленина гос. ун-т им. М.В.
Лом‖оносова кафедра истории русской фило-
соф‖ии).
	См. след. карт.
○	

总编辑和作序文的
某某　正文整理出
←版并加注解的某
某·一至三卷　出版
项

题上项：荣获列宁勋
←章，罗蒙洛索夫莫斯
科国立大学·俄国哲
学史讲座

←见下卡

例 一三九 （第二张卡片列举多卷书的子目例子）

2	
	Т.1. Северное общество. 731 стр. с
портр.	
	Т.2. Южное общество. 567 стр. с
портр.	
	Т.3. Общество соединенных славян. —
	Декабристы в Сибири.—О влиянии декабрист-
	ов на развитие русской общественной мысли.
466	стр. с портр.
	○

卷一“北方的社会”
←737 页附像

←卷二“南方的社会”
567 页附像

←卷三“斯拉夫族统一
的社会”，-在西比
利亚的 “十二月党
人”-“关于‘十二
月党人’ 的影响俄
罗斯社会思想发
展”466 页附像

例 一四〇

○
Избранные социально-политические и
философские произведения декабристов.

925 500 Л 93	Лю|ди русской наук. Очерки о выдающихся деятелях естествознания и техники. С предисл. и вступит. статьей акад. С.И Вавилона. Совт. и ред .И.В.Кузне- цов. Т.1-2 М.-Л., Гостехиздат, 1948. Библиогр.: в конце статей. Т.1. Физико-математические наук. — Химические наук.-Геологические наук. — Географические наук. 642 стр. с илл.,портр. Т.2. Медико-биологические и сельско- хозяйственные наук.-Техника.-Архитектура. 643 1197. с илл. портр. ○

总的书名："俄国科
学人物"题下项：关
于自然科学和技术
的优秀活动家纲要

参考书目：在每篇论
文末尾

卷一·物理数学科
学·-化学科学·-地
质学科学·-地理科
学·642页带肖像
卷二·医学生物和农
业科学·-技术·建
筑学 643-1197 页带
肖像

　　如果多卷书，非一人所著，则在子目内要写明每卷的著者姓名（见例一二三）。

　　如果多卷书缺卷很少时，则将该缺卷的数字不写，并在子目中留出空行以备将来收到时补填（见例一二二和一二三）。

	1
655 К 65	Кон|струкции и расчет полиграфических машин. Учеб. пособие для полиграф. вузов. Под общ. ред. проф. Б.М. Мордо- вина. Кн. 1, 3.　М.Л., Гизлегпром, 1949. 　　　　　　　　　　　См. след. карт. ○

总的书名："印刷机器的
构造和计算"

题下项：高等印刷学校
教材
由某某教授主编部分
一，部分三·莫斯科列宁
格勒，轻工业部出版社，
一九四九年。

见下卡

例 一四三

2	
Кн. 1. Петрокас, Л. В. Наборные машины. II, 312 стр. с илл. Библиогр.: стр. 307.	←部分一，彼得洛加斯排字器…
Кн. 3. Морозов, М. Г. Тигельные и плоскопечатные машины. 316 стр. с илл.; 1 л. черт.	←部分三，莫洛索夫·平版印刷机…

例 一四四（第二张卡片的背面倒转头来圆孔向上）
（在左边下端写书的著者和书名，可以简写）

Конструкции и расчет полиграф. машин.

如果多卷书非一人所著，而各卷又有完全的书名（见例一四三）。著录时，除在子目内注明外，须为各卷编制单独的著录（见例一四五）。

例 一四五

655	Морозов, М. Г.
К 65	Тигельные и плоскопечатные машины. М. - Л.; Гизлегпром, 1949. 316 стр. с илл.; (Конструкции и расчет полиграфических машин. Кн. 3).

在著录尚在继续出版的多卷书,以及图书馆尚未收到全部的多卷书,须用铅笔注明图书馆已有卷次和出版年代,子目一律用一张新卡片作起,并为所缺各卷,留下空白地位以备将来到时备填(见例一四六至一四七和一四八)。

例 一四六

873	Драйзер, Т.
Д 72	Собрание сочинений. В 12-ти т. Вступ. лит.-критич. очерк И.И. Анисимова. Т.1-2, 7-8 М., Гослитиздат, 1950-1951.
	СМ. след. карт.

← 多卷集的著者:德莱节尔
← 十二卷全集题下项:安尼西莫夫的文学批评序文大纲卷一至二,七至八(数目字下有横线暂时用铅笔写的)
见下卡

例 一四七 (第二张卡片)

2

Т.1. Сестра Керри. Пер. с англ. М. Волосова. 1951. XVII, 498 стр.; л. портр.
Т.2. Дженни Герхардт. Пер. с англ. Н. Галь и М. Лорие. 1951. 348 стр.

← 卷一:书名:题下项:由某某译自英文
← 卷二:书名:题下项:由某某二人译自英文 见下卡

例 一四八 (第三张卡片)

3

Т.7. Американская трагедия. Ч.1. пер с англ. 3. Вершиной и Н. Галь. 1950. 463 стр.
Т.8. То же. Ч.2. 1950. 464 стр.

← 卷七:书名:"美国的悲剧"第一部分,由某某二人译自英文
← 卷八:同上,第一部分

五、丛书著录法（Описание серий）

根据"苏联统一条例"（简称），丛书中的一切的书，是按单独的书著录的。但最好为丛书编制一种总包括该丛书中各种个别的书（限于图书馆所有）的综合的著录。在著录时，用第一张卡，在第一横线上，从第一直线起写丛书名称，其后空一公分写出版地和出版年。如一行写不完时，在下一行从第二直线继续，并在右下端写"见下卡"（См.след.карт.）。其格式如下（见例一四九和一五〇）：

例　一四九

丛书子目一律用第二张卡片开始，在这张卡片上，从第二直线，写在第二横线上卷次（若有的话），该卷的著者姓名，书名，出版年，书码写在相应的书籍著录的左边（即第一直线左边），见著录格式：例一五〇。若无分册号码，各个别的书籍的著录可按照它们达到图书馆的次序。如果图书馆有全套丛书，著录按照著者姓名字母次序亦可（见例一五二）。

例　一五〇

卷次或册次　　　著者姓名　　书名
↓　　　　　↓　　　　↓

		2	
书码 →	Шифр	Номер выпуска. Фамилия и инициалы автора и заглавие произведения. Год издания.	← 出版年
书码 →	Шифр	Номер выпуска. Фамилия и инициалы автора и заглавие произведения. Год издания.	
		◯	

例　一五一（丛书卡）

丛书名称：辩证唯物主义和历史唯物主义教程　莫斯科，一九四九至一九五一年
↓

		1
		Курс диалектического и исторического материализма. М., 1949-1951.
		См. след. карт. ← 见下卡
		◯

例　一五二

		2	
书码 →	335 К60	Колбановский, В.Н. О коммунистическко морал. 1949.	科尔班诺夫斯基，← 关于共产党人的道德，一九四九年
书码 →	100 К65	Константинов, Ф.В. Исторический Материализм, как наука. 1949.	← 康斯坦丁诺夫，历史唯物论就是科学，一九四九年
书码 →	900 К65	Константинов, Ф.В. Роль народных масс и личности в истории. 1949.	
书码 →	ЗК 169 МО	Макаров, А.Д. О произведении Фридриха Энгелса "Анти-Дюринг". 1949.	
		◯	

106

例 一五三

Курс диалектического и исторического
материализма

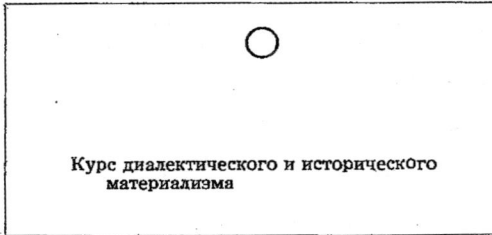

　　我们根据苏联图书馆的先进的经验,结合我国的实际,对丛书的著录方法,酌量加以变更,即是将丛书的子目(丛书中个别书籍),不须另用新卡来注明,就在丛书原卡上。如果著录个别书籍只须一行时,就在出版项下空一行,来一一注明。如一张卡片写不完时,再用新卡(第二张或第三卡续写,并在第一张卡的右角写"下卡"(См. след. карт.))。如每卷书的著录仅占一行地位时,任应留空一行(见例一五四和一五五)。

例 一五四

丛书名称:通俗科学丛书　　　　　　　出版地,出版年

书码 →

第四十分册,著者,书名:电流一九五二年

←第五十三分册·阿利斯托夫太阳,一九五二年

第二十九分册·巴耶夫和格尔库洛夫·飞机火箭

	Научно-популярная библиотека.
523 Б 99 538 3-12	Вып. 36. Ьялобжеский, Г.В. Снег и лёд. 1952. Вып. 54. Заборенко, К.Б. Радиоактив-ность. 1953.

個人丛书(Описание под заглавием серии)

有时丛书中各种书籍,为某一人所著,或为某一人所编,在这种情形之下,应将该著者,或编者姓名包括于丛书标目之内,用生格(见例一五六)。也可以将著者或编者姓名,自第一直线起于第一行。丛书名称,自第二直线,写于著者或编者项下一行。丛书名称下空一行从第二直线起再著录各书的书码,书名,题下项,出版年及页数。各项目之间的距离,像非一人所著的丛书著录一样(见例一五六至一五八)。

个人丛书名称:日丹的科学汇编

		Сборник научных работ Д. Жданова.	生理学问题 出版年
书码 →	612 Ж42	Вопросы анатомии. 1939.	←
			卫生学问题 出版年
书码 →	614 Ж42	Вопросы гигиены. 1940.	←
	610 Ж42	Вопросы теоретической медицины.	医学理论问题
书码 →		1949.	← 出版年

例 一五七（个人丛书例子）

丛书著者：日丹　　丛书名称：科学汇编
　↓　　　　　　　↓

	Жданов, Д.	
612 Ж42 614 Ж42 610 Ж42	Сборник научных работ. Вопросы анатомии. 1939. Вопросы гигиены. 1940. Вопросы теоретической медицины. 1949.	

←列举个人丛书中各
　个别书籍

例 一五八 （个人丛书中个别书名单独著录例子）

610 Ж42	Жданов, Д. Вопросы теоретической медицины. 　　 М., Медгиз, 1949. 191 стр. (Сборник научных работ).

←（丛书名称）

六、分析卡著录法（Аналитическое описане）

分析著录一书或一种期刊上的任何重要论著，个别小说，戏剧，全集和选集个别论文，演说，和传略等的目录卡，叫做分析卡。

（一）著者分析卡（Авторская аналитическая карточка）

凡马列主义经典作家所著的书籍，党和政府领袖的论著，荣获斯大林奖金的作品，在某种杂志，报章，或连续刊物上发表的，均应编著者分析卡。全集和选集中所刊载的个别作品论文，演说，传略和版本序论，也应根据本图书馆具体情况，酌量编制著者分析卡。

分析著者姓名,自第一直线起,写于第一行。分析书名,自第二直线起,写于著者名下一行。依照克连诺夫"图书馆技术"著录的方法,是在篇名后,空一公分,或下一行,自第一直线起,就是在被分析出的资料来源的前头有缩写字"在书里"(В кн.:),"在杂志里"(В журн.:),"在报章里"(В газ.:),"或在文集里"(В сб.:),接写全书的著者姓名,书名,出版年及原次(被分析出的资料来源)。

例　一五九

著者:斯大林　书名:无政府主义还是社会主义?

←在书里:全集,附录,一九四六年,卷一 339–361 页

例　一六〇

(二)书名分析卡

书名分析卡的分析书名,自第二直线起,写于第一行。分析著者姓名,自第一直线,写于分析书名下一行。其余和著者分析卡同(见例一六一至一六四)。

110

例　一六一　（书名分析卡）

分析书名:内心声音
↓

872	Голос недр.	
Б 61	Билль-Белоцерковский, В.	
	Б кн.: Пьесы 1950. стр. 49-94.	

←著者：比里—别洛
采罗夫斯基
←在戏剧集内
一九五〇年 49–44
页

○

例　一六二　（书名分析卡不同著者）

872		Луч света в темном царство.
О-77г	Доб	ролюбов, Н.А.
	104	В кн.: Островский, А. Гроза. 1949. стр. -157.

○

例　一六三

分析书名:白毛女
↓

057		Седая девушка. Драма в 5-ти действиях
З-43	Ха	Цзин-чжи и Дин Ни.
1951		В журн.: "Звезда", 1951, № 2, стр. 68-
	105.	

○

例 一六四 （同样的书曾在二种杂志上发表过的）

057	Буковинская повесть. Авториз. пер. с
Н 72	украинск. Л.Шапро.
1951	Мур|атов, И.
	В журн.: "Новый мир", 1951, № 4, стр.
	3-91
805	То |же.
С56	В журн.: "Сов. писатель", 1952, № 3,
1952	стр. 184-232.

○

此小说:南·沙普罗
得著者同意译自乌
←克兰文在以下两种
杂志上发表的
←"新世界"杂志一
九五一年第四期3-
91页
←在 "苏联作家"一
九五二年第三期
104-232页

　　但苏联统一条例,对于分析卡的著录,另有一省时的方法。按照那个方法,当注明材料来源时,以一长划,代替"在杂志里"（В журн.:）,"在报章里"（В газ.:）"或在文集里"（В сб.:）, 有时甚至于也代替"在书里"（В кн.:）,接写全书的著者,书名或杂志,报章名称,出版年期和页次就行（见例一六五至一七二）。

例 一六五 （分析著者著录格式）

著录标目　书名（篇名）分析部分书名:题下项-杂志名称,年份,
　　↓　　　　　　　　　　　　　　　　　期次所在页数

Шифр	Заголовок описания
жур-ты	Описание статьи. Подзаголовочные дан|ные.–Название журнала, год издания, номер и страницы, на которых материал поме|щен.

○

112

例 一六六 （分析书名著录的格式）

书名（篇名） 题下项 报章名称,年,月,日
↓

Шифр газеты	Заглавие(заглавие статьи). Подзаголовочные данные. —Название газеты, год издания и дата.
	○

例 一六七

877 Ж68	Жигулев, А.
	Острое оружие. (Использование В. И. Лениным и И. В. Сталиным художественных сатирических образов Н. В. Гоголя). —"Учительская газ.," 1952. 1 марта.
3К33	○ 124

← "教师报",
一九五二年三月一
日

例 一六八

著者:格鲁申科 书名:伟大的学者（达尔文逝世七十周年纪念）
↓

920 Д20	Глущенко, И.
	Великий Ученый. (К 70-летию со дня смерти Ч. Дарвина). —"Лит. газ.," 1952. 19 апр.
57	○ 11.88

← "文学报",
一九五二年四月十
九日

113

例　一六九

著者:克列明齐耶夫　书名:使生产机械化和自动化为社会主义服务
↓

500	Кле	меньев, С. и Мезенцев, В.
К48		Механизация и автоматизация на службе
	социализма. —"Новый мир", 1952, No 2,
	стр.	209–226.

← "新世界",
　一九五二年第二期
　209 至 226 页

例　一七〇

著者　　　书名:集体责任心之培养

100	Тун	кель, Д.
Т84		Воспитание коллективной ответствен-
	ности. (О Центр. театре Советской Армии).
	— "Театр", 1951, No 10; стр. 90–93.

← "戏剧杂志",
　一九五一年, 第十
　期, 90–93 页

例　一七一

530	Зад	ачи учителей физики в связи с постано-
З–15		влением VII пленума ЦК ВЛКСМ. (Пере-
	довая).—"Физика в школе," 1952; No 1,
	стр.	3–7.

← 在 "物理教学"
　上, 一九五二年, 第
　一期, 3 至 7 页

114

例　一七二

3К23	Ленин, В.И.
0-76	Осталая Европа и передовая Азия. — Сочинения. Изд. 4-е, Т.19, стр. 77-78.

←全集,第四版,第十
九卷 77-78 页

七、辅助卡片（Вспомогательные карточки）

辅助卡片有两种：一是参照卡（ссылочные карточки или ссылки），一是参考参照卡。参照卡有两种：总的参照卡"见"参照卡（общие ссылки）及部分参照卡即"参见"参照卡（частные ссылки）。

（一）"见"参照卡

"见"参照卡是从书上所题未被采用的著者姓名,笔名,校订者,译者,机关和团体的其他名称等等,引导所采用为著录标目的姓名和名称（见例一七三至一七八）。

例　一七三　（人名见卡）

		Де Костер, Шарль
		см.
	Костер, Ш.	

例　一七四　（国家名称:全名见简名）

Российская Советская федеративная
Социалистическая Республика,
см.
РСФСР.

○

例　一七五　（团体名称:全名见简名）

Всесоюзный Центральный совет профес-
сиональных союзов,
см.
ВЦСПС.

○

例　一七六　（政府机关名称:见国家名称后见相应的部名称的见卡）

财政部　苏联
↓

Министерство Финансов СССР,
см.
СССР. Министерство финансов.

← 见
← 苏联　财政部

○

例 一七七 （加盟共和国的青年团名称：全名见简名）

		Ленинский Коммунистический Союз
		Молодежи Украины,
		см.
	ЛК	СМ Украины.

例 一七八 （人民团体的名称：简名见全名）

		ВСНИТ
		см.
	Все	союзный совет научных инженерно —
		технических обществ,

(二)"参见"参照卡

"参见"参照卡是从一种著录标目,引见到另一个,于其名称下,集有相关的资料的著录的标目(见例一七九和一八〇)。

例 一七九 （苏俄、教育部参见苏俄、人民教育委员会）

		РСФСР. Министерство просвещения,
		см. также.
	РС	ФСР. Нар. ком. просвещения.

例 一八〇 （苏俄、人民教育委员会参见苏俄、教育部）

		РСФСР. Нар. ком. просвещения, см. также РСФСР. Министерство просвещения.
		○

例 一八一 （苏联艺术工作者工会的简名见全名）

		Рабис см. Профсоюз работников искусств СССР.
		○

(三)"参考"参照卡(Справочные карточки)

机关和组织的决议,指示;总结,以及其他各种类型的出版物,例如指南,手册,须知(必读),均可编制一种参考参照卡。其格式采用有突出部的导卡,例如一八一,或用普通导卡亦可,例如一八三。总括的指示读者,如何寻检他们所需要的有关刊物。另一方面,也节约时间,并避免目录柜中充塞了此种类似的卡片(见例一八二至一八四)。

例 一八二

Министерство

←政府各部

Издания Министерств см. в каталоге под
наименовием страны со следующим за ним назва-
нием министерства.
    Например:
        СССР. Министерство связи.
        РСФСР. Министерство общественней
                безопасности.
        Польша. Министерство иностранных дел.

←凡欲在此目录中,查寻
政府各部的出版物,见
该国名后,相应部的名
称。例如:
←苏联　邮电部
←苏俄　公安部
←波兰　外交部

例 一八三

Постановдение.

←决定

    Постановления учреждений или органи-
заций см. в каталоге под наименованием
соответствующего учреждения или органи-
зации.
    Например:
        Коммунистическая партия Китая.
        Постановление...

←凡欲在此目录中,查寻
各机关或组织的决定,
见该机关或组织的名
称下:决定例如:
←中国共产党
    决定…

例 一八四

Отчеты

←总结

    Отчеты учреждений или организаций см. в
каталоге под наименованием соответствующих
учреждений или организаций.
    Например:
        Академия наук СССР.
        Отчеты...
        Ленинградский гор. совет.
        Отчет...

凡欲在此目录中,查寻
←各机关或组织的总结,
见该机关或组织的名
称下:总结例如:
←苏联科学院
   总结…
←列宁格勒市苏维埃
   总结…

例 一八五

Руководство ← 指南

Карточки расставлены в каталоге наименований профессий, специальностей, должностей.
Слова, предшествующие наименованию специальности во внимание не принимаются.
Например:
"Руководство по техническому-черчению";
"Руководство по апробанции сельско-хозяйственных культур"; "Руководство по обработке овечьего молока"; "Руководство по комбайну "Сталинец — 6" "Руководсхво к лабораторным-работам по электротехнике".

○

← 各种专业，专门技能，职业书籍的卡片，是按字母顺序排列的。当检寻时，应当注意各专门职业名称的词（字）
例如：
"技术绘图指南"；"农作物栽培法标准指南"；"羊乳加工指南"；"六号斯大林式康拜因机指南"；"电气技术实验工作指南"。

　　图书馆对于荣获斯大林奖金的作家们，如在目录中，另加区分指导卡，像参考参照卡的形式一样。卡片上面记载他们的简历，作品的名称，及其得奖的年代，排在他们的目录卡片前面，是一种向读者推荐优秀作家们的著作，最有帮助的，最有效的方法（见例一八六）。因此为多卷集的作家们编制一种说明他们的著作，怎样在目录中排列的区分指导卡，排在他们的目录卡片最前面，也是帮助读者灵活使用目录的好方法（见例一八六和一八七）。

例 一八六

Бабаевский
Семен Петрович
1 9 0 9
Русский советский писатель.
Лауреат Сталинских премий.
Премии присуждены за романы:
"Кавалер золотой звезды" (1949 г.)
"Свет над землей" 2 кн. (195, 1951гг)

○

← 巴巴耶夫斯基
← 一九〇九年
← 苏联作家 斯大林奖金荣膺者，他因下列长篇小说获得两次奖金"金星英雄"（姚良译）（在一九四九年得奖）"地上的光明"（张梦麟译）（在一九五〇年和一九五一年得奖）。本馆还有赵隆勋的译本："光明普照大地"。

例 一八七

←果戈理

←一八〇九至一八五二年

←果戈理各种著作的卡片，在此目录中，排列的次序是这样的：
Ⅰ．全集（再分以下的次序）：1.大全集，2.全集，3.汇集，4.选集，5.文选。
Ⅱ．个别著作（单行本）按照它们的书名的字母次序排列。
Ⅲ．关于论述果戈理的作品，按照它们出版年代，反纪年次序排列的：最近出版的排在前面，最早出版的排在最后。

八、期刊著录法（Описание периодических изданий）

期刊包括杂志（журналы），报纸（газеты）和连续刊物（продолжающиеся издания）三种。

（一）杂志著录法（описание журналов）

杂志著录法是以刊名为主。这和上一节所述的年鉴，历书，百科全书，故事集，歌曲集，诗文选集（多卷集）等的著录方法，大致是相同的，其著录格式，也是采用悬行式（висячая строка）。

1. 凡是已经停刊的成套杂志，在出版地或出版机关后写创刊年期和停刊年期，起讫卷数。它们的中间各加一短划，其他各项，如出版项等，依式照录（见例一八八至一九〇）。

例 一八八

杂志名称:苏联图书　　　题下项:图书评论月刊
　　　↓　　　　　　　　　　↓

002.5 С56	Советская книга. Ежемесячный критико- библиографический журнал. 1946,январь —1953, август.　　　М., "Правда" ,1946— 1953. 8 т.

← 创刊至停刊年期:
一九四六年一月到
一九五五年八月

002.5　　　　　　　　○　　　　　　　17.61

例 一八九

杂志名称:布尔什维克
　　　↓

1

335.5 Б79	Большевик. Теоретический журнал ЦК ВКП (б). 1946-1952.　　　М., 1946-1952. 7 т. С No 20 1952 г. выходит под загл.: Коммунист. Теоретический и политический журнал ЦК. Коммунистической партии Советского Союза. 　　　　　　　　См. след. карт.

← 从一九五二年第二
十期起改为 "共产
党员" 继续出版

← 见下卡

例 一九○

2

1946. No 1-24.
1947. No 1-24.
⋮
1952. No 1-19.

○

← 到一九五二年第十
九期止

122

杂志名称:"共产党员"

		1
335.5	Ком	мунист. Теоретический и политический
К83		журнал ЦК Коммунистической партии
		Советского Союза.　　М., 1952.
		До No 20 1952 г. выходил под загл.:
		Большевик. Теоретический и политический
		журнал ЦК ВКП (б).
		Выходит один раз в 20 дней
		См. след. карт.

一九五二年第二十
期以前以 "布尔什
← 维克" 出版

← 附注:每二十日出版
　一次

← 见下卡

例 一九二

		2
		1952. No 20-22.
		1953. No 1-18.

　　如果刊名上,没有印载创刊年而有出版或发行第几年,如一九五○年的某一种杂志印载有以下字样,"刊出第十二年"(Год издания 12 -й),"出版第十四年"(Четырнадцатый год издания),或"出版第二十二年"(22-й Год издания)。由出版年的年数,减去发行或出版第几年数,就是创刊年。若发行年也没有,但有从某某年发行,如从一九二三年发行(Издается с 1923 г),这就是创刊年,在附注项中,把它写明亦可。若这一切都没有印载时,从略。

　　2. 有些杂志,虽没有印载卷期和刊期,但印有每年出版六期或六次(Журнал выходит шесть раз в год),"每年出版四期"

（Выходит четыре раз в год），"每月出版一次"（Выходит один
раз в месяц），"每月出版三次"（Выходят три раза в месяц），
或"每二十日出版一次"（Выходит один раз в 20 дней）等字样。
这样，就容易知道该刊是季刊(Трехмесячник)，双月刊(Двухме-
сячник)，月刊(Ежемесячник)，双周刊(Двухнедельник)或周刊
(Ежвнедельник)了。如此就在附注项中，不写明每年或每月出版
次数，就注月刊，双周等字样均可（见例一九三至一九四）。如系继
续出版的杂志，就把停刊年期，改写最近出版年期和卷。但用铅笔
写，或不写最近出版年期，只用一长划，表明尚未完竣的意思。

例 一九三

020.5 Б59	Библиотекарь. Ежемесячный журнал теории и практики библиотечного дела. Орган Министерства культуры РСФСР.Издается с 1923 г. М.,Госкультпросветиздат, 1947–	←杂志名称：图书馆员
02	○	

例 一九四

杂志名称:"苏联妇女"
↓

057 С 56	Советская женщина. Общественно–полити-ческий и литературно–художественный–журнал Антифашистского комитета советских женщин и всесоюзного цент-рального совета профессиональных сою-зов. М., 1942– Десятый год издания.	←出版第十年
05	○ 17.61	

3. 缺本杂志,如所缺卷期不多的,可作为完整卷数著录,最近出版年期和卷期用铅笔写。另在图卷项下一行(如有刊期附注,则在刊期下一行)从第二直线起,用铅笔写"本馆缺"(Библиотека недоставает)字样,加一冒号,另行从二直线起,写明馆中所缺的各卷期和出版年期,都用铅笔写(见例一九五)。

例 一九五

700	Искусство. Орган по делам искусств при
И 86	Совете Министров СССР и орган Союза Советских художников СССР. М.,1950-1954
	(Двухмесячник)
	"Библиотека недоставает": 1952. май-июнь, сентябрь-октябрь.
05	⭕ 17,61

←刊期:双月刊
←本馆缺:
　一九五二年五,六,
　九及十月四期

如有某种杂志的卷期缺少的很多,那末,就写"本馆有"(Библиотека имеет)代替"本馆缺"的字样,下载本馆入卷的出版年和期次(不用铅笔写)。为是缺少的卷期,就空一行,以使将来配全时补填(见例一九六)。

例 一九六

刊名:物理科学进展　　　　出版项
　　↓　　　　　　　　　　↓

530.5	Успехи физических наук.　М.,АН СССР,
У 78	1936-1953
	(Ежемесячник-)
	"Библиотека имеет": Т.1-24:1936-1944. Т.40-50:1950-1953.
	⭕

←刊期:月刊
　本馆备有:
　一至二十四卷:
　一九三六到
　一九四四年
　四十至五十卷:
　一九四一到
　一九五三年

例 一九七

杂志名称:"新时代" （周刊）（第一张总录卡）

		1
054.7 Н74	Новое время. Еженедельный журнал. М., "Труд", 1942-	
		См. след. карт. ←见下卡

例 一九八（第二张子目卡）

		2
	1942. No 1–52. ⋮ 1953. No 1–52.	←一九四二年一至五 二期 ⋮ ←一九五三年一至五 二期

例 一九九 （第二张子目卡背面,圆孔向上）

Новое время ←该杂志简名

例 二〇〇

杂志名称:"火星"　　题下项:社会政治和文艺周刊

054.7	Огонёк. Еженедельный общественно-полити-
О-39	ческий и литературно-художественный
	журнал.　М., "Правда", 1922-
	См. след. карт.
	◯

例 二〇一（杂志著录总卡）

530.5	Журнл экспериментальной и теоретической	
Ж92	физики.　М., АН СССР.,1931-1952	
	Т. 1-22 с илл.	←刊期:月刊
	(Ежемесячник	
	См. след. карт.	←见下卡
25	◯	

例 二〇二

530.5	Физика в школе.Орган Министерства про-	
Ф50	свещения РСФСР.　М.,Учпедгиз,1940-	←刊期:双月刊
	(Двухмесячник)	
	См. след. карт.	
	◯	

例 二〇三

590.5 З-85	Зоологиеский журнал.　　М.,АН СССР., 　1919- Выходит 6 раз в год.
05	◯　　　　　　17.61 　　　　　См. след. карт.

←刊期：每月出版六
　　次

例 二〇四

505 Д63	Доклад Академии наук СССР. Новая серия. М., 1932 Выходят три раза в месяц.
	См. след. карт. 　　◯

←刊期：每月出版三
　　次

　　4. 改名的杂志(Изменение заглавия журнала)分别著录于新旧名称之下,并在原名的著录上附注项中,注明"从某年期某卷期起改用此名出版"(С № 20 1952 г.выходит под загл.:);又在改名的卡片上,同样的,在附注项中写明到某年某期止,曾用此名出版"(До № 20 1952 г. выходил под загл.:)(见例二〇五,二〇六)。

例 二〇五

刊名："政治教育工作"　　　题下项:月刊

| 005
П50 | Политпросветработа. Ежемесячный журнал. Наркомпроса РСФСР. 　　М.,1940-1945.

С No 9 1945 г. выходит под загл.: Культурно-просветительная работа.

　　　　　　　　　См. след. карт.
05　　　　　　　　　　　17.61 | ←从一九四五年第九
　期改为"文化教育
　工作"出版

←见下卡 |

例 二〇六

| 020.5
К90 | Культурно-просветительная работа.Ежемесячный журнал. Орган Ком. по делам культ.-просвет. учреждений при Совнаркоме РСФСР. 　　М.,1945-

До No 9 1945 г. выходил под загл.: Политпросветработа.
　　　　　　　　　　　　79
05　　　　　　　См. след. карт. | ←一九五四年第九期
　曾以"政治教育工
　作"出版 |

(二)报章的著录法(Описание　газеты)
报纸的著录,仿照杂志办理(见例二〇二和二〇三)。

例 二〇七

"真理报"

| 074.7
П68 | 　　　　　　　1
Правда. Орган Центрального Комитета Коммунистической партии Советского Союза. 　　М.,1911-

　　　　　　　См. след. карт. | ←见下卡 |

例 二〇八

<table>
<tr><td></td><td></td><td></td><td colspan="2">2</td><td></td><td>一九一一年，一至十</td></tr>
<tr><td></td><td></td><td>1911. январь–декабрь.</td><td></td><td></td><td></td><td>← 二月</td></tr>
<tr><td></td><td></td><td></td><td></td><td></td><td></td><td>：</td></tr>
<tr><td></td><td></td><td>1954. январь–декабрь.</td><td></td><td></td><td></td><td>← 一九五四年一至十
二月</td></tr>
<tr><td></td><td></td><td colspan="3" align="center">○</td><td></td><td></td></tr>
</table>

（三）连续刊物的著录法（Описание продолжающего изда-
ния）

连续刊物包括"报告"（доклады），"学报"（труды），"通报"
（вестник）和"汇报"（院报）（известия）四种。这类刊物，多半由各
机关，或学术团体刊行。有时只有一个总名称，也有时总名称之
外，另有书名和著者。有时定期出版，也有时不定期出版。有时分
册出版，又有卷次而编号。

著录这类出版刊物，是比较困难的，因为总类很多，编制方
法，也很不一致。如系定期出版而有一总名称的集体创作，可按照
杂志著录方法办理（见例二〇九至二一四）。

至于不定期出版的，又非集体创作，而是一种个人的学术报
告或科学研究汇报，虽然有一个总的名称，但另外还有单独的书
名和著者姓名，分册编号，在这种情况之下，应照单行本书籍著
录。如有必要，可以总名称，或出版机关学术团体名称为著录标
目。若是著录以个别作家为主时，就将总名称作为丛书亦可。

例　二〇九（连续刊物为主卡例子）

919	Арктический научно-исследовательский ин-
А 82	ститут Главного управления Северного морского пути при Совете Министров СССР.
	Труды... Т.1-　　Л.-М., 1947-

←苏联部长会议直属
北海海路管理总局
北极科学研究所学
报,卷一

例　二一〇

	2
	Т.1　1947. ⋮ Т.202.1949.

←增添卡（续卡）

例　二一一

著者:维诺格拉多夫　　书名:北极海哺乳动物

919	Виноградов, М.П.
В 49	Морские млекопитающие Арктики. Под ред. проф. Е.К.Суворова.　　Л-М., Глав-севморпуть, 1949.
	280 стр. с илл., карт. (Труды Арктического науч.-исслед. ин-та Глав. упр. Сев. морского пути при Совете Министров СССР. Т.202).
91(98)	Библиогр. в конце частей.　　　22.61

连续刊物作为丛书
处理（苏联部长会
议直属北海海路管
理总局北极科学研
←究所汇报第二〇二
卷）

←参考书目附于每章
末尾

　↑　　　　　　　　　　　　　↑
此系苏联小型图书馆分类号码　　　此系人民大学分类号码

例　二一二

572	Маслова, Г.С.	
М 31	Народный орнамент верхневолжских Карел.　　М., АН СССР., 1951. 139 стр. с илл. 8 л. илл. (Акад. наук СССР. Труды Ин–та этнографии им Н.Н. Миклу–Маклая. Новая серия) т.11).	
572	○	11.1

例　二一三

	Институт этнографии им. Н.Н.Миклухо– 　　　Маклая. 　　Труды... Новая серия. Т.9–　　М.–Л.,
1950–	
	См. след. карт. ○

例　二一四

卷次　　著者:日丹科　　书名:卡拉尔帕克人种学史概要

		2
572 Ж52	Т.9.	Жданко, Т.А. Очерки исторической этнографии каракалпаков. 1950.
57. М41	Т.11.	Маслова, Г.С. Народный орнамент верхневолжских Карел. 1951. См. след. карт.　←见下卡 ○

例 二一五

卷次　无著者　　　书名:英美人种学为帝国主义服务
　↓　　　↓　　　　　　　　　↓

		3
323.1 A 64	Т.12.	Англо-американская этнография на службе империализма.　1951.
390 C 49	Т.13.	Славянский фольклор.　1951.
		◯

书名:斯拉夫民间文学
　　↑

例　二一六（连续刊物以单独书为主例子）

书名:英美人种学为帝国主义服务　（论文集）
　　　↓　　　　　　　　　　　　↓

323.1 A64	Англо-американская этнография на　службе империализма.　(Сборник статей).　Отв. ред.　И.И.Потехин.　М.，Акад. наук СССР,1951. 112 стр. с илл.; 8 л. илл.　(Акад.наук СССР. Труды Ив-та этнографии им.Н.Н. Миклухо-Маклая. Новая сория. Т.12). Библиогр. в подстроч. примеч.

←波捷津主编
←丛书名称:（苏联科学院米克鲁霍-马克拉雅人种学研究所学报新丛刊第二十卷）
←脚注附有参考书目

例　二一七（连续刊物作为杂志著录例子）

苏联科学院报,化学部分

540.5 И33	1 Известия Академии наук СССР. Отделение химических наук.　М.，АН СССР,1950- (Двухмесячник) "Библиотека недостает": 1951: 1-6. 1953. 4-5.
05	◯　　　　　　　17.61

←刊期:双月刊

←本馆缺:
←1951年，一至六期
←1953年，四，五两期

例　二一八

莫斯科大学通报，社会科学丛刊
↓

305 В38	Вестник московского университета. Серия
	обшественный наук. Моск. 1944– (Ежемесячник) Девятый год издания. См. след. карт.

←刊期：双月刊

←见下卡

○

例　二一九

		,2
		1944. 1–12. 1945. 1–12. ⋮ 1953. 1–12.

←增添卡（续卡）

○

例　二二〇

苏联科学院报告　　　　　　新丛刊
↓　　　　　　　　　　　↓

505 Д63	Доклады Академии наук СССР. Новая серия.
	М., 1934–1954 Выходят три раза в месяц. "Библиотека имеет": 1982–1954 Т.1–94

←刊期：每月出版三次

○

例 二二一 （以机关为主的连续刊物卡）

苏联科学院　书名:报告　题下项:新丛刊
　　　　↓　　　　　　　↓　　　　　　↓

505	Академия наук СССР.
A38	Доклады... Новая серия.
	М.,1932-
	См. след. карт. ←见下卡
	○

例　二二二

		2
		1932. Т.1.
		1933. Т.2.
		⋮
		1954. Т.94. No 1-4
		○

例　二二三

第二张卡（子目卡）的背面倒转头来圆孔向上
　　　　　　　　　　　　↓

Академия наук СССР.
　　Доклады...

←总卡的简名,避免总
　卡和子目卡分散

135

(四)杂志的索引(Указатель к журналам)

1. 每年的索引,如果单独发行的,须有子目当年项下证明,例如,1951. № 1–12, указатеь.。

2. 如有包括几年的单独成册的索引,就在卷期或年期项下,自第一直线起,加上"同上"(То же)字样,后空半公分,写索引的名称及索引的起讫卷期或年。书码仍用该杂志原有的书码,但须加上"у"字母,以资区别(见例二二四至二二五)。

或对这种单独成册包括几年的索引,专用一张卡片,像一本书著录一样,若有编辑者还要在书码上的书号加写编者姓氏冠首字母(见例二二六)。因此这本索引,就在书架上与该杂志排在一起,便于读者使用。

3. 连续刊物的索引,亦可仿照杂志的索引处理。

例　二二四　（杂志和杂志索引均用一张卡例子）

物理学的进展

530.5 У 78	Успехи физических наук,　　М., АН СССР,	
	1936（？）— 1954	
	(Ежемесячник）	←刊期:月刊
	"Библиотека имеет":	←本馆备有:
	Т.1–54：1936–1954	
530.5 У 78ув	То же. Указатель статей, опубликованных в журнале "Успех физических наук" за 1936–1946гг.Сост.Т.О.Вреден-Кробецкая. Томы 1–XXX. Вып. 4.　М.,Гостехиздат. 1952. 480 стр.	←同上，物理学的进 展一九三六至一九 四〇年，一至三十 卷论文索引，由某 某编辑
	См. след. карт.	

例　二二五

物理学的进展　　　　　增添卡（续卡）

530.5 Успехи Физических наук.	
У 78 530.5 У78у Т.51. вып.3.	То же. Указатель статей, опубликованных в журнале "Успехи физических наук", Тома XLI–L. Т.51, вып. 3, 1953. 44 стр.
05	◯　　　　17.62

←同上,物理学的进展
四十一至五十卷刊
载的论文索引,载在
五十一卷第三分册,
1953年,四十四页

　↑　　　　　　　　　　　　　　　　↑
此系苏联小型图书馆分类号码　　　　此系人民大学分类号码

例　二二六　（单独成册的杂志索引作为书籍著录例子）

编辑者：
　↓

530.5 Вреден-Кобецкая Т.О.　сост.	
У78уВ 1946	Указатель статей, опубликованных в журнале "Успехи физических наук" за 1936-1946 гг. Томы I–XXX. Вып. 4. М., Гостехиздат, 1952. 480 стр.
05	◯　　　　17.62

←"物理学进展"一
九三六至一九四六
年,一至三十卷,论
文索引

　↑　　　　　　　　　　　　　　　　↑
此系苏联小型图书馆分类号码　　　　此系人民大学分类号码

九、马克思列宁主义经典著作及阐述马列主义经典作家著作的著录法（Описание произведений классиков марксизма-ленинизма и произведений, посвященных классикам марксизма-ленинизма）

在图书馆各种目录中,应尽可能用各种方法,充分的,完全的,并从各种不同的方面,将马列主义经典作家反映出来。在系统目录各部门内广泛使用互见的方法,在字顺目录中,尽量利用各种辅助著录。

1. 著录马克思恩格斯的著作时,有不同的书名的俄文译本,须在附注项中注明另一译本的书名(见例二二七)。

例　二二七

著者:马克思和恩格斯　合著　书名:共产党宣言

336.4 М27 ЗК	Маркс, К. и Энгель, Ф. Манифест Коммунистической партии. М., Госполитиздат, 1952. 71 стр. с илл. (Ин-т Маркса—Энгельса —Ленина—Сталина при ЦК ВКП (б). Переведен также под загл.: Коммунисти- ческий манифест. ○　　　　1133148

←丛书名称：联共(布)(中央委员会直属马恩列斯研究院),另有一译本"共产党宣言"

2. 著录列宁斯大林的单行本著作时,应尽可能指出它们在全集中的卷页(见例二二八)。

例　二二八

著者:列宁　书名:什么是"人民之友"

335.4 Л45ч	Ленин, В.И. Что такое "Друзья народа" и как они воюют против социал-демократов? (Ответ на статьи "Русского богатства" против марк- систов). М., Госполитиздат, 1951. 216 стр. Сочинения. Изд. 4-е. Т.2, стр. 111-313. ○

←全集,第四版,卷一,一一一至三一三页

138

3. 列宁斯大林的著作,用不同的书名出版时,应在每张主要著录上的附注项中注明馆中有其他版本的名称,如"Изд. также под загл.:"(例二二九)。

例 二二九

斯大林　书名:论苏联宪法草案的报告
↓

347.1 С76д ЗКЗЗ	Сталин, И.В. 　Доклад о проекте Конституции Союза ССР.–Конституция (Основной закон) Союза Советских Социалистических Республик. М., Госполитиздат; 1951– 　179 стр.; 1 л. илл.;портр. 　Изд. также под загл.: О проекте Конституции Союза ССР. 　　　　　　　　　　　　133

←另一书名:"关于苏联宪法草案"

例 二三〇

斯大林　书名:关于苏联宪法草案
↓

335.4 С76–О ЗКЗЗ	Сталин, И.В. 　О проекте Конституции Союза ССР. Доклад на Чрезвычайном VIII Всесоюз. съезде Советов 25 ноября 1936 г. М., Госполитиздат; 1951. 　32 стр. 　Изд. также под загл.: Доклад о проекте Конституции Союза ССР. 　　○　　　　　133151

←另一书名:"论苏联宪法草案的报告"

4. 当著录马列主义经典著作时,也要广泛编制斯大林所在卫国战争为总司令时所颁布的命令(见例二三一)。

例　二三一

斯大林　书名:最高总司令在一九四五年二月二十三日颁布第五号命令

	Сталин, И.В.
	Приказ Верховного Главнокомандующего 23 февраля 1945 года No 5 г. Москва, М., Госполитиздат, 1945. 11 стр. с портр.
	○

5. 如果书中,包括有不同著者的作品,而在书名页上或封面上,只题第一篇作品的名称,就照书名页或封面上著录,但须在附注项中,写明在本书中还有:"В кн. также"。

例　二三二

947 C 76	Сталин, И.В.
	27-ая годовщина Великой Октябрьской социалистической революции. Доклад Председателя Госком. обороны на торжественном заседании Моск. Совета депутатов трудящихся с партийными и общественными организициямг Москвы 6 ноября 1944 г. М., Госполитиздат, 1944. 25 стр, с портр.
9C2	В кн. также: Приказ Верховкого Главнокомандующего 7 ноября 1944 года No 220. г. Москва. ○ 11.46

←本书中还有最高总司令一九四四年十一月七日的命令

6. 马列主义经典作家论文集的书名,如果不能完全表示该书性质时,应在附注项中揭露本书的内容(见例二三三和二三四)。

例 二三三 （以书名为主卡）

书名：十二月党人的社会政治哲学的作品选集
↓

		1
33.58 И 32	Изб	ранные социально-политические и фило- софские произведения декабристов. Изд. в 3-х т. К 125-летию восстанния декабристов. 1925–1950. Общ. ред. и вступит. статья И.Я.Щипанова. Подго- товка текста и примеч. С.Я.Штрайха. Т.1-3. М.,Госполитиздат, 1951. См. след. карт. ○

← 题下项：十二月党人
一百二十五周年纪
念 三卷集

例 二三四

		2
	пор	Т.1. Северное общество. 731 стр. с тр. Т.2. Южное общество. 567 стр. с портр. Т.3. Общество соединых славян.–Де- кабристы в Сибири.–О влиянии декабристов на развитие русской общественной мысли. 466 стр. с портр.
ЗКП		○ 125

卷一，北方的社会
七三一页附肖像
←卷二，南方的社会
五六七页附肖像
卷三，斯拉夫民族团
结的社会，十二月党
人对于俄国的思想
的发展上的影响
四六六页，附肖像

例 二三五 （编校者补充卡例子）

编校者：施特莱赫
↓

335.8 И 32	Изб	Штрайх, С.Я. ред. ранные социально-политические и фило- софские произведения декабристов. В 3-х т. К 125-летию восстания декабрис- тов. 1825–1950. ○

141

例　二三六　（编校者补充例子）

希班诺夫　主编
↓

335-8	Щипанов, И.Я. общ. ред.
И 32	Избранные социально-политические и философские произведения декабристов. Изд. в 3-х т.
	○

7. 包括有几个马列经典著作的论文集，以书名为主，另为编辑者或校编者编制补充卡(见例二三七)。

例　二三七　（书名为著录标目例子）

336	Великая сила идей ленинизма. Сборник
В 27	статей. Под общ. ред. канд. философ. наук Ц.А.Степаняна. М., 1950. 332 стр. (Акад. наук СССР. Ин-т философии)
	Среди статей: П.Ф.Юдин. Международное значение ленинезма.-Д.И.Чесноков. Ленин и Сталин о государственной форме диктатуры пролетариата.-Д.М.Кукин. В.И. Ленин-организатор (б) партии.-Ф.В.Константинов. Развитие исторического материализма Лениным и Сталиным.-С.И.Вавилов. Ленин и филосф. проблем сврвременной физики
ЗК22	○　　　　　　　　　125

← 书名：列宁主义思想伟大力量

← 目次：尤金，列宁主义国际意义·-切斯诺科夫，列宁斯大林论无产无级专政的国家形式·-库津，列宁——党的组织者·-康斯坦丁诺夫，列宁与斯大林在发展历史唯物主义上的贡献·-瓦维诺夫，列宁与现代物理学上的哲学问题

142

8. 马列主义经典作家的多卷集的著作,依照前面已详述对于一般多卷集的著录法来著录(见例二三八及二三九)。

例　二三八

		1
335.4 M37к ЗК13	Мар И.И Т.1	кс, Карл. Капитал. Критика полит. экономии. Пер. Степанова–Скворцова, провер. и испр. -3.　　М.,Госполитиздат, 1951. 　　　　　　　　　　1133/67 　　　　　　　　См. след. карт.

例　二三九

		2
	тал IV, ско 932	Т.1. Кн.1. Процесс производства капи- a. V, 794 стр. с илл.; 1 л. портр. Т.2. Кн.2. Процесс обращения капитала 530 стр. с илл. Т.3. Ч.1-4. Кн.3 Процесс капиталистиче- го производства, взятый в целом.　III, стр. с илл. 　　　　　　　　　　1133/67

例　二四〇

335.4 M27к	 Мар М.,	Степанов–Скворцов, И.И.　пер. кс, К. Капитал. Изд. 4–е; провер. и испр. 1951.

十、论文集（论丛）著录法（Описание сборников）

论文集分为两种方法来著录：一是有总名的论文集，一是没有总名的论文集。

1. 有总名的论文集（Сборники, имеющие общее заглавие）

（1）如果论文集中包括有几个著者的作品，著录时，以书名为主，如果目次简短，应在目次项揭露出来（Под аглавием, если сборник состоит из произведений нескольких авторов）（见例二四一）。

例　二四一

书名：人民的胜利（论文集）

| 808
Н 28 | Народы победят! (Сборник). М.;Воениздат, 1951.
168 стр.; 3. портр.

Содерж.: Ю. Фучик, Слово перед казнью. П. Неруда, Да пробудится лесоруб! Поэма.-Н. Хикмет, Стихи. | ← 目次项：尤伏契克, 绞刑下的报告,-列齐达, 伐木者醒来吧！（诗）,-希克梅特,诗 |

例　二四二

| 862.8
Т 67 | Три испанские комедии. Пер. М. Лозинского Вступит. статья К. Державина.　М.-Л, "Искусство", 1951.
455 стр.

Содерж.: Лопе де Вега, Фуенте-Овехуна.-Хуан Руис де Аларкон, Сомнительная правда.-Тирсо де Молина, Дон Хиль Зеленые Штаны. |

（2）如果只包括一个著者的著作，著录时，以个人著者为主（见例二四三）。

144

例 二四三

著者:西蒙诺夫　书名:在这些年代里

304	Симонов, К.М.
С 37	В эти годы. Публицистика. 1941-1950. М., Гослитиздат, 1951. 320 стр.; I л. портр. Разделы книги: 1. По дорогам войны.- II. Срахающийся Китай.- III. На зарубеж- ные темы.

←书的篇,章:1.在战争路上·-2.作战的中国·-3.讨论外国的题目

(3)如果论文集的编辑人或校订人,在书名页或封面上标明出来,就著入于题下项内,否则,注明于附注项中,并编制补充卡(见例二四四及二四五)。

例 二四四

书名:历史课上政治思想教育(论文汇集)
↓

	Идейно-политическое воспитание ва уроках истории. Сборник статей. Под ред. проф. А.М.Панкратовой. М.-Л.,АПН РСФСР,
1948.	
Науч. б-ка	111 стр. (Акад. пед. наук РСФСР. ч.-исслед. ин-т методов обучения. Пед. а учителя).

←某某教授校编

←丛书名称:(苏联教育科学院,学习方法科学研究所教师教学文库)

例 二四五

校编者:潘克拉托娃
↓

	Панкратова, А.М. ред. Идейно-политическое воспитание на уроках истории. М.-Л., 1948. ◯

2. 没有总书名的论文集(Сборникн, не имеющие общего заглавия)。

(1)如果书名页或封面上,题有两位或三位著者及其著作名称,但没有总名称,著录时,就以第一位著者为主,第二位著者和第三位著者及其著作名称,录于标目正文之内,用长划隔开,也可为其他作分析卡。

例   二四六

著者:诺金娜
↓

	Ногина, О.П.
2-е ребенка изд. матерей.	Забота о матери и ребенке в СССР. изд. испр.-И.М.Островская. Развитие ка от рождения до трех лет. 3-е испр. М., "Сов. писатель", 1952. 32 стр. с илл. (Заоч. курсы для рей. Лекции 1 и 2). ◯

←书名:母亲和婴孩在苏联的照顾·-奥斯特洛夫斯卡娅,三岁以下的婴孩之发育书

十一、传记，书信，纪念册，或追悼某人的作品的著录法（Био-графии，юбилейиые сборники "в память"，соболезновании）

1. 传记，纪念册，或追悼某人的著作，不管以著者或书名为著录标目，都应为书中所论及的人物，编制补充卡，并在其名后，离开一公分加上"о нем"。若是所论及的人是妇女，就加上"о ней"（见例二四七至二五一）。

例 二四七

书名：普希金——伟大俄国民族的诗人
↓

928 П91Б	Благой, Д.-Д. Пушкин，— великий русский национальный поэт. М.-Л.，Акад. наук СССР, 1949. 32 стр. (Акад. наук СССР. Ин-т мировой литературы им. А.М.Горького. Науч.-попул. серия). ○

←丛书注：苏联科学院高尔基世界文学研究院，通俗科学丛书

例 二四八

普希金 关于他的
↓

928 П91Б	Пушкин, А.С.，о нем. Благой, Д.Д. Пушкин—великий русский национальный поэт. М.-Л.，1949. ○

例 二四九

科瓦列夫斯卡娅纪念册,论文汇编
↓

927 К 56	Памяти С.В.Ковалевской. Сборник статей. Отв. ред. чл.-кор. АН СССР П.Я.Полу- баринова-Кочина. М.,1951. 155 стр. с портр.; 1 л. портр. (Акад. наук СССР).

←苏联科学院通讯院
士巴利诺夫-科琴
主编

○

例 二五○

科瓦列夫斯卡娅　关于她的
↓

927 К 56	Ковалевская, С.В., о ней. Памяти С.В.Ковалевской. М., 1951.

○

例 二五一

维辛斯基　关于他的
↓

077 Л 64	Вышинский, А.Я., о нем. Молотов, В.М. Похороны А.Я.Вышинского. Речь тов. В.М.Молотова.—"Литературная газета",1954 27 ноября.

←书名:莫洛托夫在维
辛斯基出殡时演说
"文学报"
一九五四年十一月
二十七日

○

2. 一人写别人的信, 以写信人为著录标目, 并须为收信人作补充卡 (Письма одного лица к другому под именем автора писем)(见例二五二, 二五三)。

例　二五二　（写信的为主卡例子）

著者:列宁　书名:列宁写给高尔基的信
↓

923.2	Ленин, В.И.
Л45пг	Письма Ленина Горькому.　М.,Партиз-
	дат, 1933.
	112 стр.　(Ин-т Маркса-Энгельса —
	Ленина при ЦК ВКП (б)
	○

例　二五三　（收信的人补充卡）

著者:列宁　高尔基
↓

923.2	Горький, М.
Л45пг	Ленин, В.И.
	Письма Ленина Горькому.　М.,1933.
	○

3. 著录两个人的通信(Переписка), 像著录有两个作者的书籍一样, 就以第一个通信人为著录标目, 但须为第二个通信人作补充卡(见例二五四至二五七)或者就把两个通信人当着合著者来著录, 亦可(见例二五五至二五六)。

例　二五四　（高尔基和契诃夫通信）

著者:高尔基
↓

920	Гор ький,
Г 71пч	Переписка... Статьи и высказыния.
	Под ред. С.Л.Балухатого. М.-., АН СССР
	1937.
	288 стр. стр.; 9 л. портр и факсим.

◯

例　二五五　（为第二个通信人补充卡）

著者:列宁　契诃夫
↓

920	Чехов, А.П.
Г 71пч	Гор ький, М.
	Переписка... Статьи и высказыния. Под
	ред. С.Л.Балухатого.　М.-Л.,
	1937.

◯

例　二五六　（作为合著者例子）

著者:特列齐雅柯夫和斯塔索夫　书名:一八七四到一八九七年间的通信集
↓　　　　　　　　　　　　　　　　　　　　　　↓

92-7.8	Треьяков, П.М. и Стасов, В.В.
Т 66	Переписка... 1874-1897. Письма подгот.
	к печати и примеч. к ним сост. Н.Г.
	Галкиной и М.Н.Григорьевой.　М.-Л.,
	"Искусство", 1949.
	284 стр.; 4 л. илл. (Гос. Третьяковская
	галлерея)

◯

例 二五七 （第二个通信人补充卡例子）

斯塔索夫
↓

```
┌──────┬─────────────────────────────────────┐
│927.8 │Стасов, В.В.                          │
│Т 66  │Третьяков, П.М. и Стасов, В.В.        │
│      │Переписка...    М.,-Л., 1949.        │
│      │                                     │
│      │                                     │
│      │             ◯                       │
│      │                                     │
└──────┴─────────────────────────────────────┘
```

十二、政治报告，演说，谈话等类型作品著录法(Политические отчеты и доклады. Интерьвю. Беседы.)

1. 各机关团体的领导人所作报告，所发表演说，或谈话，就以演说，谈话或作报告的人为著录标目(见例二五八至二六三)，并为其领导机关或团体作补充卡(见例二五九)。

例 二五八

书名:联共（布）第十九次代表大会
著者:马林科夫   关于中央委员会工作总结报告
↓   ↓

```
┌────────┬─────────────────────────────────────────┐
│335.4   │Маленков, Г.М.                           │
│М18-0   │Отчетый доклад XIX съезду партии о       │
│        │работе ЦК ВКП (б). 5 окт. 1952 г.    М., │
│        │Госполитиздат, 1952.                     │
│        │174 стр.; 1 л. портр.                    │
│        │                                         │
│        │                                         │
│        │               ◯                         │
│        │                                         │
└────────┴─────────────────────────────────────────┘
```

151

例　二五九　（机关或团体补充卡例子）

著者：马林科夫　联共（布）　中央委员会　代表大会，第十九次

↓

335.4	ВКП (б). ЦК.　　Съезд, 19-й.
M18-0	Маленков, Г.М.
	Отчетый доклад XIX съезду партии о работе ЦК ВКП (б). 5 окт. 1952 г.　　М., 1952.

◯

2. 如果发表演说，或作报告的人姓名是印在书名里面，成为书名的一部分，就要把他作为著录标目，并且在书名上还要重写（见例二六〇至二六二）

例　二六〇

著者：斯大林

↓

328	Сталин, И.В.
C76p	Речь товарища И.В. Сталина на предвыборном собрании избирателей Сталинского избирательного округа гор. Москвы 9 фев. 1946 г.　Грозный. обл. изд., 1946. 21 стр. с портр.

← 书名：在莫斯科斯大林选区选民大会上的演说

◯

例　二六一

著者:马林科夫
↓

书名:苏联部长会议主席马林科夫对美国记者（社长）
查尔斯·爱德华·萧特的问题的答复,"真理报" 一九五
五年一月一日

327 M18- Ош	Маленков, Г.М. Ответы Председателя Совета Министров СССР Г.М.Маленкова на вопросы на Чарльза Эдварда Шатта.–"Правда", 1 января 1955.
	○

例　二六二

著者:沙布洛夫　书名:伟大十月社会主义革命三七周年庆祝大会上演说
↓

947 С 12	Сабуров, М.З. 37-я годовщина Великой Октябрьской социалистической революции. Доклад М.З. Сабурова на торжественном заседании Московского Совета 6 ноября 1954 года. В газ.: "За порчный мир, за народную демократию!", 1954, 12 ноября.
	○

←在报章里:"争取持
久和平,争取人民民
主" 一九五四年十
一月十二日

例　二六三

著者:斯大林　书名:和"真理报"的记者谈话

	Сталин, И.В. Беседа с корреспондентом "Правда". М., Госполитиздат, 1951. 14 стр.
	○

153

伍 书架目录(Топографический каталог)

书架目录是由书架目录卡片所组成的一种目录。这些目录卡片按照图书放在书架上的同样次序排列的,从书架目录上,可以看出图书馆藏书在书库中排列情况。

书架目录上,应该著录的有以下各项:书码,个人著者姓名或团体著者名称,书名,题下项除版次项外可以省略,出版年,登记号码,书价。著者姓名自第一直线,写于第一行,书名自第二直线写于著者项下一行,书名后空一格接写版次,空一公分,写出版年,如系初版书籍,无须记载版次,出版年就在书名之后。书码写于卡片左上角上,登记号码写于书码下第四行,复本写于二直线之间对着书码。书价写于卡片右下角。若是存列于某阅览室或参考室,也可在卡片上对着该书登记号码注明。

符恩·捷尼西叶夫所著"苏联图书馆工作"一书里,讲到在书架目录中,对于每册图书是都有一张卡片的,我们现在根据苏联图书馆经验,结合中国的实际,酌量加以变通,即是每种图书编制书架目录卡一张,不论它是多卷的图书,或有复本的书籍,但有不同的版本时,还是须分别编制书架目录卡的(见例二六四至二七〇)。

例　二六四

027	Денисьев, В.Н.
Д33ч	Работа массовой библиотеки.　Изд.4-е
	исп. и доп.　1952.
8770	д.2. ⎱ В читальном зале департмента библио-
8980	д.3. ⎰　　тековедении.
	每册 ¥ 10,800

←第二和第三复本陈
列于图书馆学专修
科阅览室

例　二六五

027	Денисьев, В.Н.
Д 33	Работа массовой библиотеки.　Изд.3-е
	1952.
4658	
	每册 ¥11,000

例　二六六

873	Толстой, Л.Н.
Т 53в	Война и мир.　1949.
8981:	Т.1 и 2.
8982:	Т.3 и 4.
8983:	Т.1 и 2. д 2. ⎱ В общем читальном зале
8984:	Т.3 и 4. д 2. ⎰
	每册 ¥11,000

←书名:战争与和平

←第二复本陈列于总
阅览室

155

例 二六七

335	Маркс, К.		
М27		Капитал. Изд. 4-е 1950.	← 书名：资本论
8985:	Т.1		
8986:	Т.2		
8987:	Т.3		
8988:	Т.1	} В подручной библиотеке кабинета	
8989:	Т.2	исследования Марксизма-Ленинизма.	← 第二复本陈列于马
8990:	Т.3		列主义研究室参考
			室

○

每部 ¥24,800

例 二六八

620	Чудаков, Е. Глав. ред.		
Ч-84		Машиностроение. Энциклопедический справочник.	
8991-5:	Т.1-5		
10896-10913:	Т.6-13	} В филиале библиотеки технического ин-та.	← 全部陈列于工学院
11995:	Т.14		分馆

○

每卷 ¥20,600

例 二六九

530.5	Журнал экспериментальной и теоретической		
Ж92э		физики. (Ежемесячник)	
11206-11215:	Т.1-10.		
12311-12318:	Т.11-18		
12579-12680:	Т.19-20	} В читальном зале факультета физики.	← 全套杂志陈列于物
12988:	Т.21		理系阅览室
13091:	Т.22		

○

每年预定 ¥96,000

156

例　二七〇

705	Искусство.	
И 86		
		(Двухмесячник)
8796:	1950	
9802:	1951	
		¥96,000

〇

陆 字顺目录(Алфавитный каталог)

一、排列规则

（1）将各种目录卡片（主题卡除外）：主卡，补充卡，丛书卡，参照卡和参考参照卡排列而成的，叫做字顺目录。在字顺目录内，所有著录，按照著者，书名，及参加著作编写过程的个人和机关团体名称的字母为次序。排列时，字字相比，著者就按照著者姓名或团体名称的第一个字母排列，而书名则按着书名第一字母排列，如果第一字相同时，则比第二字，若第二字也照同时，那就按着第三字排列，其余依此类推。例如：

1.Августынюк ,А.　　　1. 阿夫古斯狄尤克（著者）

　Дорога в Москву.　　　　 到莫斯科之路（书名）

2.Академия наук СССР. Отделение биологических наук.

　　　　2. 苏联科学院　　生物学部分

"Микроэлементы в жизни растение и животных".

　　　　　　植物和动物生命的细菌（书名）

3.Александрова，Н.　　　3. 亚历山大洛夫（著者）

　Дочь Кореи.　　　　　　 朝鲜的姑娘（书名）

4.Без языка.　　　　　　　4. 缺乏语言（书名）

　Короленко，В.Г.　　　　 科洛科（著者）

5.Великая сила идей ленинизма. Сборник статей.

　　　　　　5. 列宁主义思想伟大力量（书名）

158

6."Великие стройки Сталинской эпохи".

6. 斯大林时代的伟大建设（书名）

7.Жизнь замечательных людей.　7. 优秀人士的生活（丛书名）

8.Захаров, П. пер.　　　　8. 札哈洛夫　译者

Хэ, Цзин-чжи и Дин Ни.　贺敬之·丁毅　合著

Седая девушка. Драма в 5-и действиях　白毛女（五幕剧）

9.Коммунистическая партия Советского Союза.

9. 苏联共产党

Устав Коммунистической партии Советской Союза.

党章（书名）

10.Коиференция стороников мира стран Азии и Тихого
океана. Обращение к народам мира.

10. 亚洲及太平洋区域和平大会告世界人民书

11.КПСС　　　11. 苏联共产党(简名)"见"参照卡

см.　　　　　　苏联共产党　全名

Коммунистическая партня Советского Союза.

12.Левина, Л.А. сост.　　　12. 列文娜　编者

"Библиография произведении К. Маркса и Ф.Энгелса"

马克思和恩格斯的著作书目（书名）

13.О книге В.И.Ленина "Материализм и эмпириокритицизм".

13. 关于列宁所著"唯物主义及经验主义批判"一书

Васецкий, Г.　　　　　华舍茨基（著者）

14.О работе тов. Сталнна "К вопросам аграрной
цолитике в СССР.

14. 关于斯大林的"苏联农业政策的问题"一书

Болгов, А.　　　包利葛夫

15.О смелых и умелых (Рассказы о войне).

15. 论勇敢人和聪敏人（关于战争小说）

Богданов，Н.　　　包格丹洛夫(著者)

16.Наумов，Н.　　　　　16. 拉乌莫夫(著者)

Справочник агронома по защите растений.

　　　　　　　　保护植物的农业家的参考书

17.Стиль，А.　　　　　17. 斯吉利(著者)

　Первый удар.(В журн.:"Новый мир"，1952.No 1，стр.

85–142;No 2，стр.142–193.)

　第一次打击(载在"新世界"一九五二年第一期,八十五至一
四二页,和第二期,一四二至一九三页)

　(2)姓氏相同时,按其名字和父名头一个字母次序排列。最先
要排不带名首字母的姓氏，其次再排带一个名首字母的姓氏,最
后才排带两个名首字母的姓氏。例如:

Павлов

Павлов，А.П.

Павлов,Б.

Павлов,Б.Н.

Павлов,И.

Павлов,И.П.

Павлов,М.А.

Павлов,М.Г.

Павлов,П.

Павлов,С.

Павлов,Ю.

　(3)复姓的前一部分与单姓相同时,单姓在先,复姓在后。如:

Богданов,Н.К.

Богданов–Катьков，Н.

Лебедев，П.Н.

Лебедев,С.А.

160

Лебедев–Кумач，В.И.

Лебедев–Полянский，П.И.

(4)姓名相同时,按书名字母顺序排列。

Михайлов，Н.Н.   米哈依洛夫(著者)

     Земля русская.   俄罗斯土地(书名)

Михайлов， Н.Н.   米哈依洛夫(著者)

     Над картой Родины.   在祖国的地图上(书名)

Михайлов，Н.Н.   米哈依洛夫(著者)

     Просторы и богаства нашей родины.

                     我们的祖国的辽阔和富源(书名)

(5)还有一法,可以解决排列姓名相同的著者,那就是引用他们的专业或专门技能的字母次序来排列,或同专业也相同时,就以他们出生年代先后为排列次序。例如:

Нванов，А.А.артист.1900–   伊凡诺夫   演员

Нванов，А.А.великий русский живописец.1906–1958.

           伊凡诺夫   画家

Нванов，А.А.сов. астроном.1867–1936. 伊凡诺夫   天文家

Нванов，И.И. сов. биолог.1870–1953.伊凡诺夫   生物学家

Нванов，И.И.Герой Социалистичкого Труда.1890–

           伊凡诺夫   社会主义劳动英雄

(6) 如有一位著者会同另一位或另几位著者共同写的著作,个人的著作在先,合著的书在后。例如:

1.Караев，Г.

     Битва под Москвой.   莫斯科近郊搏战(书名)

2.Караев，Г. и Успевский，Л.

     Плуковский меридиан. 普鲁科夫斯基的子午线(书名)

3.Поляков，В.Г.

     Учебник русского языка.   俄语教科书

4.Поляков,В.Г. и Чистяков, В.М.

  Русский язык.　　俄语

5.Соловьева,Е.Е.

  Новые друзья.　　新朋友

6.Соловьева,Е.Е., Щепетова, Н.Н. и Карпинская Л.А.

  Родная речь.　　人民语言

(7)同一人所编撰的著作,著述的书排列在先,其次为编辑的,或翻译的书。例如:

1.Чудаков,Е.　　1. 楚达科夫

  Экономайзеры автомобилтных карбюраторов.

　　　　汽车碳化器的燃料节简器(书名)

2.Чудаков,Е. Глав.ред.　　2. 楚达科夫　主编

  Мащиностроение. Энциклопедический справочник.

　　　　机器制造百科全书(书名)

3.Чуковский,Н.　　　3. 楚科夫斯基

  Рассказы.　　　短篇小说

4.Чуковский,Н. пер.　　4. 楚科夫斯基　译者

  Стивенсон, Р.Л.　　斯吉文松(著者)

  Остров сокровищ.　　金银岛(书名)

5.Чуковский,Н.пер.　　5. 楚科夫斯基　译者

  Твен, М.псевд.　　吐温　著者　伪名

　　Приключения Тома Сойера.　　达木索儿的冒险记

(8)阿拉伯数字,或罗马数字,须把它译成正式俄文数字后,按照这个数字的字母顺序排列。例如:

1.Соколов, С.Я.

2.1952 календарь. Справочник.(书名)

　　(Тысяча девятьсот пятьдесят два календарь)

3.Хлеб　　粮食(书名)

Толстой, А.Н.

4.Успенский, Г.Н.

Рассказы и очерки. 短篇小谈和短评（书名）

(9)如果一位著者的姓名和书名均相同时,则按版次或出版年,最新的排在最前面。例如:

1.Денисьев, В.Н. 1. 捷尼西叶夫

大众图书馆 第四版（书名）

Работа массовой библиотеки. 4-е изд., испр. и доп. 1953

2.Денисьев, В.Н. 2. 捷尼西叶夫

大众图书馆 第三版（书名）

Работа массовой библиотеки. 3-е изд.1949

若是版次和出版年又相同时,则按出版社字母次序排列。例如:

1.Добровольский, В. 1. 杜勃罗留波夫

三个穿灰色的大衣（书名）

Трое в сервых шинелях. М.,Гослитиздат,1949.

2.Добровольский, В. 2. 杜勃罗留波夫

三个穿灰色的大衣（书名）

Трое в сервых шинелях. М.,"Сов. писатель"1949.

(10)同一著者的著作,先大全集,全集,选集,再次为单行本,单行本按书名字母顺序排列,最后排列阐述他的各家作品。例如:

1.Пушкин, А.С. 1. 普希金

Полное собрание сочинений. 大全集

2.Пушкин, А.С. 2. 普希金

Собрание сочинений. 全集

3.Пушкин, А.С. 3. 普希金

Избранные произведенин. 选集

4.Пушкин, А.С.　　4. 普希金
　　Дубровский.　　杜布罗夫斯基(书名)
5.Пушкин, А.С.　　5. 普希金
　　Евгений Онегин.　　叶·奥勒金(书名)
6.Пушкин, А.С.　　6. 普希金
　　Метель.　　暴风雪(书名)
7.Пушкин, А.С.　　7. 普希金
　　Сказка о рыбаке и рыбке.　　关于渔夫和小鱼的童话
8.Пушкин, А.С.　　8. 普希金
　　Стихи.　　诗
9.Пушкин, А.С. о нем.　　9. 普希金(关于他的)
　　Иванов, П.И.　　伊凡诺夫
　　Великий русский поэт-А.С.Пушкин.
　　　　伟大俄国诗人——普希金(书名)

(11)国家政府机关,党、团、会社的复合略语(简写名称)的形式,排列时,并不按照它们所代替的全名,一个一个字母顺序来排列,而是要把它们作为一种字母的组合,即作为一个整个字来排列。例如:

1.Вишневский, В.В.
　　Незабываемый 1919-й. 难忘的一九一九年(书名)
2.ВКП(6).
　　Партия(большевиков) в борьбе за социалистическую
　　индустриализацию страны.
3.Внутренние болезни.
　　Рестман, В.И.
4.Всесоюзной агрохимической конференции. 全苏农化学会议
　　Резолюции...

164

5.ВЦСПС.　　　　　苏联总工会

　　Инструкция...

6.Грузинский　респ.　совет　проф.　союзов.　格鲁吉亚共和
国总工会

　　Постановления...

7.Иосиф　Виссарионович　Сталин.　Краткая　биография.
　　　　　　　　　　　　　　斯大林小传(书名)

8.КПК　итая.　　　　中国共产党

　　Устав...　　　　　　　党章...

9.О　работе　И.В.Сталина "Об　основах　ленинизма".

10.Обшество　Кцтайско-Советских　дружбы.　中苏友协

　　Выставка　картин.　　　　　画展(书名)

11.ООН.　　　　　　　联合国

　　Заседвние　цри　закрытых　дверях.　秘密会议(书名)

12.Островский,　И.А.　　　　奥斯特洛夫斯基

　　Как　закалялась　сталь.　　钢铁是怎样炼成的(书名)

13.Справочник　задач　по　высшей　алгебре.　高等代数习题
参考书

　　фадеев,　Д.　　　　　　法捷耶夫

14.СССР-страна　мощного　зерного　производство.

　　　　　　苏联——最大的产粮的国家

15.Степанов,　Б.И.

　　Непорент,В.С.　и　Степанов,　Б.И.

　　Колебательная　энергия　и　люминесценция　сложных
молекуд.

　　　　复杂极微分子的发光与振动能(书名)

　　(12)但排列党,团和工会的出版品时,须依照以下的次序:1.
先排没有副标目的著者卡片;2. 次排列它们的代表大会(代表会

议,全体会议,常会,会议),还要按照代表大会等反纪年排,最近的在先,最早的在最后;3. 再次中央委员会;4. 地方组织。例如:

1.ВКП(6)　　　　　1. 联共(布)
　Программа и устав ВКП(6).　　大纲与党章

2.ВКП(6).Съезд, 18-й.　　2. 联共(布)代表大会,第十八次
　Постановление...　　　　决议...

3.ВКП(6).Съезд, 17-й.　　3. 联共(布)代表大会,第十七次
　Директивы...　　　　　　指示...

4.ВКП(6).Конференция, 18-Я.
　　　　　　　　　　　4. 联共(布)代表会议第十八次
　Резолюции XVIII Всесоюзной коиференции ВКП(6)...
　　　　　　　　　　　　　　决议...

5.ВКП(6).ЦК.　　　　5. 联共(布)　中央委员会
　　О постановке партийной пропаганды в связи с выпуском "Краткого курса истории ВКП(6)"
　　　　关于布置党的宣传联系"联共(布)党史简明教程"

6.ВКП(6).ЦК. Пленум. 6. 联共(布)中央委员会全体会议
　Постановления...　　　决定...

7.ВКП(6). Ленинградский обл. комитет.
　　　　　　　　　　　7. 联共(布)列宁省委会
　Постановление...по отчетному докладу горкома ВКП(6).
　　　　　　　　　　　　决定...

8.ВКП(6).Московский гор.Комитет.
　　　　　　　　　　8. 联共(布)莫斯科市委会
　Постановление пленума...　　全体会议的决定...

(13)如果机关团体的名称,只以数字表示区别,应以数字上升顺序为排列次序。例如:

166

1.Ухань гор. народная больница,1-я.

1.武汉市第一人民医院

2.Ухань гор. народная больница,2-я.

2.武汉市第二人民医院

3.Ухань гор. народная больница,3-я.

3.武汉市第三人民医院

(14)集体著者名下的著录,依照第一字来排列,如果第一字相同,则按第二字排列,但也有个别情况例外。如:

КП Болгарии.　　　保加利亚共产党

КП Китая.　　　　　中国共产党

КП Монголии.　　　蒙古共产党

КП Польшн.　　　　波兰共产党

КП(б) Армении.　　阿尔明尼亚共产党(布)

КП(б) Белоруссии.　白俄罗斯共产党(布)

КП(б) Латвии.　　　拉脱维亚共产党(布)

КП(б) Украины.　　乌克兰共产党(布)

(15)机关团体所属单位的名称,排列在整个团体的名称下,但依照第一副标目字母顺序,如果第一副标目相同,则按第二个副标目的字母为次序。例如:

Германская Демократическая Республика. 德意志民主共和国

Германская Демократическая Республика. Министерство Торговли.　　　商业部

Германская Демократическая Республика. Министерство финаносов.　　　财政部

Германская Демократическая Республика. Министерство юстиции.　　　司法部

(16)排列苏联最高政权机关的出版品,按照特殊次序如下:1.

首先排苏联宪法,2. 法律,3. 最高苏维埃,4. 部长会议,5. 以后就按副标目的字母顺序为排列次序。

1.СССР. Конституция.1936. 1. 苏联 宪法 一九三六年公布

2.СССР. Законы. 2. 苏联 法律

3.СССР. Верховный Совет. 3. 苏联 最高苏维埃

4.СССР. Совет Министров. 4. 苏联 部长会议

5.СССР. Государственный плановый комитет.

5. 苏联 国家计划委员会

6.СССР. Комитет по делам физической культуры и спорта. 6. 苏联 体育运动事务委员会

7.СССР. Министерство иностранных дел.

7. 苏联 外交部

8.СССР. Министерство просвещения. 8. 苏联 教育部
    см. также 参见
  СССР. Народный ком. просвещения.

苏联 人民教育委员会

9.СССР. Министерство путей сообщения.

9. 苏联 交通部

10.СССР. Министерство рыбной промышленности.

10. 苏联 渔业部

11.СССР. Министерство угольной промышленности.

11. 苏联 煤矿工业部

12.СССР. Министерство цветиой металлургии.

12. 苏联 有色金属部

13.СССР. Министерство черной металлургии.

13. 苏联 无色金属部

14.СССР. Министерство электротехнической промышл-
енностн.   14. 苏联 电工艺部

15.СССР. Народный ком. просвещения
                                                         15. 苏联 人民教育委员会

   см. также   参见

СССР. Министерство просвещения.   苏联 教育部

二、怎样使用本馆的字顺目录

КАК ПОЛЬЗОВАТЬСЯ в библиотеке
АЛФАВИТНЫМ КАТАЛОГОМ

Алфавитный каталог дает ответы на вопосы:

Имеется ли в библиотеке определенная книга?

Какие имеются в библиотеке произведения определенного автора?

В алфавитном каталоге карточки, независимо от содержания книг, расположены в алфавитном порядке, ФАМИЛИЙ авторов или ЗАГЛАВИЙ книг (если автор не указан или книга написана более чем тремя авторами)

Например 1: Амундсен, Р.
Белинский, В.Г.
Большая советская энциклопедия
Ворошилов, К.Е.
Горький, М.

Последовательность алфавита соблюдается не только в фамилиях, но и в ИНИЦИАЛАХ авторов.

Например 2: Толстой, А.К.
Толстой, А.Н.
Толстой, Л.Н.

Карточки на отдельные произведения одного и того же автор располагаются также в алфавитном порядке по первому слову заглавия. Собрания сочинений помещаются перед отдельными произведениями.

Например 3: Ленин, В.И. Сочинения
Ленин, В.И. Великий почин
Ленин, В.И. Государство и революция

Для облегчения пользования каталогом применяются разделители. На разделителях пишутся буквы алфавита, слоги, и в ряде случаев и фамилий авторов.

В левом верхнем углу карточки имеется шифр, указывающий место книги на полке. Требуя книгу, называйте шифр книги, автора книги, заглавие книги.

НЕ ВЫНИМАЙТЕ КАРТОЧЕК ИЗ КАТАЛОГА!

РУССКИЙ АЛФАВИТ

А Б В Г Д Е Ж З И К
Л М Н О П Р С Т У Ф
Х Ц Ч Ш Щ Ъ Ы Ь Э Ю Я

字顺目录解答以下问题:图书馆有没有某一本书呢? 图书馆有没有某个作家的著作呢? 卡片在目录中,不是依书的内容,乃是按照著者的姓氏字母顺序排列的。或者如果没有标明著者的书,或标明三个以上著者的书,就按照书名字母顺序来排列的。例如1:字母顺序,不仅是依着著者的姓氏字母,还要按照著者名字冠首字母,来决定的。例如2:同一著者的个别作品的卡片,也是按着书名的第一个词的字母顺序排列的。全集是排在个别作者的前面。例如3:为了便利使用目录就采区分指导卡。在指导卡上,写上字母组的字母,音节,在许多场合下写出著者的姓名。在卡片的左角上,指示书码,若索阅某一书,可将该书书码,著者和书名,全部写出。 不要从目录里抽出卡片。

170

柒 标题目录(即主题目录)
(Предметный каталог)

一、标题目录的重要性

标题目录,并不包括著者卡和书名卡,它是用能够标明书籍的内容的单词,复词,复合略语,或片语等等作为标题卡上的标题,将该书所阐述的事物或问题,适当地反映给读者。将这些标题卡按照字顺排列所组成的目录,叫做标题目录。在标题目录中,同一标题的材料,是集中在一处,因此只要知道某一标题,即可获得馆中所藏关于这一标题的全部材料。如果只寻找某某著者或书名的书籍,除非另有著者和书名索引,在这种目录中是找不着的。读者多半不容易记得著者姓名或书名,他却知道他所研究的标题。他在个目录中某一标题下,不仅可以查获某一著者的书,还能看到关于这一标题的其他著者的书籍,以及杂志报章上有关于这一标题的参考资料。如果将报章杂志上登载着的有关于新科学,新事物的参考材料,及时的也在目录中反映给读者的话,这样,对于研究工作者,有很大的帮助。标题目录,对于一般大众图书馆来说,功用不大,但对于学术研究机关,高等学校或者专门为读者参考研究的部门,就有特需要了。目前编制标题目录,是存在很多困难的,因缺乏编目工具书——标题总录;标题的选择,难免没有分歧。但是为了配合读者研究上的需要,编制标题,是很必需的。因为这些机关为了本身工作需要,就某项问题,或就某种专门问题作研究。例如,现在全国高等学校教师们都在作科学研究工作,作为一个高等学校图书馆工作者,若能先搜集参考资料,并系统的整理出来,便利他们使用,将非常有助于他们的工作。目前还没有见到苏联标题总录,我们按照一定的原则和方法来编制的。

二、标题的结构形式

1. 单词标题, 如 "Огонь"(火),"Снег"(雪),"Caxap"(糖),"Медведь"(熊)(见例二七一至二七六)。

2. 复词标题, 如 "Анатомня человека"(人体解剖学),"Философия природы"(自然哲学),Опера пекинских мелодий(京剧)(见例二七七)。

3.两词之间有一短划的标题,如"Марксисизм-Ленинизм"(马列主义),"Инс-титут Маркса-Ленина-Энгельса-Ленина-Сталина при ЦК КПСС"(论马恩列斯研究院)(见例二七八)。

4. 两词之间加上"и"字母组成的标题, 如 "Критика и самокритика"(批评与自我批评),"Молоко и малочное дело"(牛乳与牛乳业),"Книги и чтении"(书籍与阅读)(见例二七九至二八一)。

5. 两个词或三个词的第一个缀音部分联合而成的标题,如"Комсомол"(共青团),"Наркомздрав"(人民健康委员会),"Совнарсуд"(苏联人民法院)(见例二八二至二八三)。

6. 名词第一部分联合第二个词的全部的标题, 如"Шелководство"(养蚕业),"Углепромышленность"(煤矿业),"Электротерапия"(电气治疗法)(见例二八四至二八五)。

7. 复合略语每个词的冠首字母组成的标题, 如"ВТУЗ"(Высшее Техническое учебное заведение)(高等技术学校,技术学院),"ВФП"(Всемирная федерация Профсоюзов)(世界工联),"НЭП"(Новая экономическая политика)(新经济政策),"ГЭС"(Гндроэлектростанция)(水力发电站),"ГЭС"(Городская

электростанция）（ 市 营 发 电 站 ），"ГЭС"（Государственная электростанция）（国营发电站）（见例二八六至二八九）。

8. 名词前有形容词的标题，如 "Гканьтинское водохра-нилище"（官厅水库），"Всекитайское собрание народных представителей"（全国人民代表大会），"Смешанное（государстве-нно–частное)предприятие"（公私合营）（见例二九〇至二九四）。

9.倒置形容词的标题,如"Химия, Медицинская и фарма-кологическая"（化学，医药），"Геометрия"，"Аналитическая"（几何学,解析），"Геометрия, Начертательная"（几何学,图形)（见例二九三至二九四）。

10. 附有副标题的标题， 如："Румынская Народная Республика–Бнблиотеки"（罗马尼亚人民共和国——图书馆），"фауна –СССР"（ 动 物 志 ——苏 联 ），"РСФСР –История"（ 苏俄——历史）。

11.片语标题,如"Работа по восстановлению дамб и пло-тин"（修复堤坝），"Всекитайский смотр национальной музыки и танцев"（全国人民民间音乐舞蹈观摩大会），"Подготовить карды дпя строительства"（培养干部)（见例二九五至二九九）。

三、选择标题原则

1.选择标题,要能代表一书的内容,不是代表一本书,就是说,所选择的标题,不仅能包括这一书的内容,还要包括关于这一标题的一切书籍， 例如 Виноградов 维诺格拉多夫所著"Морские мплекопитающие Арктики""北 极 海 哺 乳 动 物 "， 要 标 "Мплекопитающне"（ 哺 乳 动 物 ）， 不 能 标 "Морские мплекопитающие Арктики"（北极海哺乳动物）。虽然这个标题表明了此书的内容,但不能包括其他关于"Мплекопитающие"哺乳动物的一切书籍。

2.俄词词汇,非常丰富,同一事物的名称,就有好几个意义相同的名词。如果将所有意义相同的名词,都用作标题,则形成混乱。因为这样做,就把馆中所藏的一切同一性质的书分散在目录中各处,这就是违背了编目的统一性和原则。例如,现在手中要编目的书是"Электробус"(无轨电车),同时另有一本书是"Безрельсовый трамвай"(无轨电车),也许馆中还有另外一本书是"Трамвай и троллейбус"(电车与无轨电车),一共三本。无轨电车还有一个名称叫做"Трамвайвый вагон"无轨电车的名称,我们知道,就有四个意义相同的名词。标标题时,为了遵守编目统一性,当然不能都用。我们应当在其中,选择一个比较通俗,广泛,常用的名称。而"Электробус"是最合式的。其余三个名称,不用做标题的,应作"见"参照卡,指引所采用的标题。另外还要标一个"Трамвай"(电车)的标题。

如果大众图书馆,关于无轨电车的书籍不多,也可以标一个"Трамвай","Электробус"两词之间加"и"字母组合而成的标题。其余不用的"Троллейбус","Трамвайвый вагои","Безрельсовый трамвай"三个标题须作"见"参照卡,引导所采用的名称,而以"и"字母组成的"Трамвай и электробус"(电车与无轨电车)的标题,也才能显示出它的一致性。

例 二七一 (单词标题)

著者:里特瓦克　标题:糖

CAXAP.

Литвак, И.
Технология свеклосахарного производ-
ства. М., Пищепромиздат, 1949.
286 стр.

1. Сахар　2. Свекла

←书名：甜菜制糖工艺学

例 二七二

标题:云
↓

		ОБЛАКА	
	Кирюхин, Б.		
	Облака, дождь и снег. М., Гидроме-тео издат, 1948. 78 стр.		
		○	

← 书名:云雨雪

例 二七三

标题:雨　书名:云雨雪
↓　　　　↓

		ДОЖДЬ	
	Кирюхин, Б.		
	Облака, дождь и снег. М., Гидроме-тео издат, 1948. 78 стр.		
		○	

例 二七四

标题:雪　书名:云雨雪
↓

		СНЕГ.	
	Кирюхин, Б.		
	Облака, дождь и снег. М., Гидроме-тео издат, 1948. 78 стр.		
		○	

例 二七五

标题:石油　书名:石油加工
　　↓　　　　↓

553	НЕФТЬ
К26	Карпов, П.П.
	Переработка нефти.　　М., Гостоптех-
	издат, 1958.
	352 стр. с илл.

○

例 二七六

标题:胶体
　　↓

668.9	КОЛЛОИДЫ.
Д92	Думановский, А.
	Коллоиды в пищевой промышленности.
	Сборник 2-й.　　М., Пищепромиздат, 1949.
	248 стр.

○

例 二七七

标题:考古学　书名:古生物学院研究汇报
　　↓　　　　↓

560	ПАЛЕОНТОЛОГИЯ.
И21	Иванова, Е.
	Труды палеонтологического института.
	Л., Госгеолеиздат, 1952.
	Т.21. 147 стр. с илл. 6 л.илл.

○

176

例　二七八　（复词标题）

标题:骨节结核症　　书名:骨节与关节结核症
　　　↓　　　　　　　　↓

616 T69	ТУБЕРКУЛЕЗ КОСТЕЙ Трегубов, С. Туберкулез кости и суставов.　　　Л., АМН СССР, 1950. 191 стр. с илл.	

○

例　二七九　（两词之间有一短划）

著者:莫洛托夫　　标题:马列主义
　　↓　　　　　　　↓

335.4 М75	МАРКСИЗМ–ЛЕНИНИЗМ Молотов, В. Сталин и сталинское руководство. М., Госполитиздат, 1949. 28 стр.	←书名:斯大林与斯大 林式领导

○

例　二八○　（两词之间加上"и"字母组合而成的标题）

著者:斯大林　　标题:批评与自我批评
　　↓　　　　　↓

	КРИТИКА И САМОКРИТИКА. Сталин, И.В. Об критике и самокритике. В кн.: Сочинения.　Т.5.　1946. стр. 315–318.	←书名:批评与自我批 评

○

例 二八一

著者:斯大林　标题:辩证唯物主义与历史唯物主义

		ДИАЛЕКТИЧЕСКИЙ И ИСТОРИЧЕ-СКИЙ МАТЕРИАЛИЗМ.
	Сталин, И.В.	
		О диалектическом и историческом материализме.　М., Госполитиздат, 1949.
		34 стр.
		○

← 书名:论辩证唯物主义与历史唯物主义

例　二八二

著者:伊尼霍夫　标题:牛乳与牛乳业

		МОЛОКО И МОЛОЧНОЕ ДЕЛО.
	Инихов, П.	
		Химический анализ молочных продуктов.
	М.,	Пищепромиздат, 1951.
		198 стр.
		○

例　二八三　（两个或三个词的联首部分的标题）

著者:哈尔拉莫夫　标题:共青团　书名:战后建设年代的共青团

		КОМСОМОЛ.
	Харламов, А.	
		Комсомол в годы послевоенного строительства.　М., 'Правда'' 1949.
		31 стр.
		○

178

例　二八四

著者:列尔洛夫　　标题:苏联人民法院　　书名:苏联人民法院组织与工作的
　　　↓　　　　　　　　　↓　　　　　　　↓　　民主原则

	'СОВНАРСУД.	
Перлов, И.		
Демократические принципы организции и деятельности советского народного суда. М., ''Правда'', 1949, 56 стр.		
	◯	

例　二八五

著者:米里雅耶夫　　标题:养蚕学　　书名:养蚕学
　　　↓　　　　　　　↓

	ШЕЛКОВОДСТВО.	
Миляев, А.		
Шелководство.　　М., Сельхозгиз, 1952. 419 стр.		
	◯	

例　二八六

著者:莫斯柯夫斯基　　标题:电气治疗法　　书名:电气治疗法原理
　　　↓　　　　　　　　↓　　　　　　　　↓

	ЭЛЕКТРОТЕРАПИЯ:	
Мошковский, Ш.		
Основы электротерапия.　　М., Медгиз, 1951. 274 стр. с илл.		
	◯	

3.复合略语的标题。

在科学技术上,专业书籍上,或辞典,以及国家和组织使用复合略语(简写名称)的情形是很多的,我们在标题上,也需要采用一些。但采用时,须要先后统一,不可分歧。如果我们在目录前面采用了略语,而在以后表达同一意义时,却用全文,也是不可以的,而且也就破坏了目录的统一性。使用略语时,还须注意这个略语,是否通用。不用为标题的名词,须作"见"参照卡,引导所采用的标题,例如"ВФП"(=Всемирная Федерация Профсоюзов)世界工联,"ПШД"(=Провод изолированный шелком вдва слог)双丝包线(见例二八七至二九〇)。

例　二八七　（复合略语组成的标题）

著者:维里克　　标题:活动发电厂

```
|   | ПЭС (Передвижная электростанция)
|   | Вильке, Г.
|   | Передвжная электростанция ПЭС-60.
| М., | Машгиз, 1952.
|   | 113 стр. с илл.
|
|              ○
```

例　二八八

著者:古宾　　标题:水力发电站　书名:水力发电站

```
|   | ГЭС (Гидроэлектростанция)
|   | Губин, Ф.
|   | Гидроэлектрические станции.    М.,
| Машгиз, 1950.
|   | 752 стр. с илл.
|
|              ○
```

例 二八九

著者:阿列克舍耶夫　　标题:市营发电站　　书名:市营发电站的经营

		ГЭС (Городная электростанция)
	Алексеев, А.	
		Эксплоатация городных электростанций.
	М.,	Машгив, 1949.
		285 стр.
		◯

例 二九〇

著者:达维多夫　　标题:拖拉机　　书名:拖拉机的民族

		МТС.
	Давыдов, Л.	
		Родина трактора.　　М., Машгиз, 1951.
		371 стр.
		◯

例 二九一 （名词前面有形容词的标题）

著者:姚昌干　　标题:纺织工厂——武汉

		ПРЯДИЛЬНАЯ ФАБРИНКА-УХАНЬ.
	Яо	Чан-гань
		Новая прядильная фабринка в г. Ухане.
	В журн.: Народный Китай. 1954,　№ 11,
	1 июня, стр. 25-27.
		◯

例　二九二

标题:手工木制品
↓

694	ДЕРЕВЯННЫЕ ИЗДЕЛИЯ.
Р94	Рыкунин, Б.
	Юный мастер.　М.-Л.,Детгиз, 1953.
	39 стр. с илл.　(В помощь самодеятель-
	ности пионеров и школьников).

例　二九三

标题:建筑材料
↓

720	СТРОИТЕЛЬНЫЕ МАТЕРИАЛЫ.
П58	Попов, Н.А.
	Строительные материалы.　М., АА
	СССР, 1950.
	419 стр. с илл.　(Справочник архитекто-
	ра).

4.用倒置形容词(把形容词放在有名词后面的)标题的方法，使同类的材料集中在一处,帮助研究者便于使用,是标题目录常采用的方法(见例二九四至二九五)。

例 二九四 （倒置形容词的标题）

著者 标题:几何学,解析
   ↓   ↓

516		ГЕОМЕТИЯ, АНАЛИТИЧЕСКАЯ.
Б53	Бескин, Н.	
		Курс аналитической геометрии для
	втусов. М.,Гостехниздат, 1952.	
	500 стр.	
		◯

例 二九五

标题:保险,社会
      ↓

		СТРАХОВАНИЕ, СОЦИАЛИСТИЧЕ-
		СКОЕ.
	Тихомиров, И.Д.	
	Основной закон социалистического	
	страховании. Эстон.гос.издат, 1952.	
	264 стр.	
		◯

例 二九六 （片语标题）

著者:矛盾   标题:全国人民民间音乐舞蹈观摩大会
   ↓   ↓

		ВСЕКИТАЙСКИЙ СМОТР НАЦИАЛЬ-
		НОЙ МУЗЫКИ И ТАНЦЕВ
	Мао Дунь	
	Речь......	
		◯

例　二九七

标题:中国少数民族

		НАЦИОНАЛЬНЫЕ МЕНЬШИНСТВА
		КИТАЯ
	Цзун	Юнь.
		Национальные меньшинства Китая.　В
	жур	н.: Народный Китай.　1954.　М., 11; 1
	июн	я, стр. 22-

〇

例　二九八

著者:毛泽东　标题:伟大十月社会主义革命

Шифр	ВЕЛИКАЯ ОКТЯБРЬСКАЯ СОЦИА-	
	ЛИСТИЧЕСКАЯ РЕВОЛЮЦИЯ.	
Mao	Цзэ-дун.	
	К двадцать пятой годовщине октябрьской	←祝十月革命二十五
рев	олюции. 6 ноября 1942 года.　В кн.:	周年
Из б	ранные произведения.　1953.　Т.4,	
стр.	197-200.	

〇

例　二九九

著者:毛泽东　标题:抗日战争

Шифр	ВОЙНА ПРОТИВ ЯПОНСКИХ ЗАХ-	
	ВАТЧИКОВ.	
Mao	Цзэ-дун.	
	Последняя битва с японским захавтчика-	←书名：对日寇的最
ми 9	августа 1946 года.　В кн': Изьранные	后一战
про	изведения. 1953. Т.4; стр. 615-618.	

〇

例 三〇〇 （有副标目的标题）

著者　标题:中国共产党——政策

КП КИТАЯ -- ПОЛИТИКА.
Мао, Цзэ-дун.
Политика Коммунистической партии
Китая. В кн.: Избранные произведения.
1953. Т.4, стр. 499-551.

←书名:中国共产党
的政策

○

例 三〇一

著者:毛泽东　标题:全国人民代表大会

ВСЕКИТАЙСКОЕ СОБРАНИЯ НАРОД-
НЫХ ПРЕДСТВИТЕЙ - СОЗЫВ, 1-й.
1954.
Мао Цзэ-дун.
Речь Председателя Центрального Народ-
ного правительства Китайской Народной
Республики Мао Цзэ-дуна при открытии
первой сессии Всекитайского Собрания народ
ных представителей первого созыва. В
журн.: "Народный Китай". 1954. окт.,
стр. 3-4.

○

例 三〇二

著者:刘少奇　标题:中华人民共和国——宪法

КИТАЙСКАЯ НАРОДНАЯ РЕСПУБЛКА
—КОНСТИТУЦИЯ.
Лю Шао-ци.
Доклад товарища Лю Шао-ци на первой
сессии Всекитайского Собрания народных
представителей первого созыва 15 сент.
1954 года о проекте Конституции Китайской
Народной Республики. В журн.: "Народный
Китай". 1954. 1 окт., стр.5-37.

○

185

5.选择恰当的标题,而不可选择包括这标题的大类。如果一本书讨论的内容是（电子）"Электрон", 不能标包括电子的"Эмктричество"（电学）或"Физика"（物理学）,因电学和物理为标题太广泛了(见例三〇三至三〇四)。

例 三〇三

标题:电子　书名:电子与金属

| | ЭЛЕКТРОНЫ. |
| Юм-
1951 | Розери, В.
Электроны и металлы.　М.,Гостехиздат.
364 стр. |

例 三〇四

标题:电子

| | ЭЛЕКТРОНЫ. |
| Кле-
1950 | ментьев, С.
Основы электронов.　М.,Оборонгиз,
168 стр. с илл. |

6.有一些书籍,按其内容,不仅要用一个标题,而且要用两个,三个或更多的标题，那就得编制相当张数的标题卡。例如，Литвак Кирюхин 吉留兴所著 "Облака"（云）,"Дождь"（雨）和"Снег"（雪）就需要三个标题,不然,就不能标明该书的内容所讨

论的三个不同对象(见例三〇五至三〇七)。

例　三〇五

标题:气象学
↓

551.5	МЕТЕОРОЛОГИЯ
Л42	Лейвиков, М.
	Метеорология, гидрология и гидроме-
трия.	М.,Гидрометеоиздат, 1952.
	470 стр.
	○

例　三〇六

标题:水文学
↓

551.5	ГИДРОЛОГИЯ.
Л42	Лейвиков, М.
	Метеорология, гидрология, и гидроме-
трия.	М.,Гидрометеоиздат, 1952.
	470 стр.
	○

例　三〇七

标题:测流法
↓

551.5	ГИДРОМЕТРИЯ.
Л42	Лейвиков, М.
	Метеорология, гидрология, и гидроме-
трия.	М.,Гидрометеоиздат, 1952.
	470 стр.
	○

四、标题分析卡（Аналитическая карточка цод предметной рубрикой）

标题分析卡的标目，自第二直线起写于第一行。分析著者姓名写于标题下一行，从第一直线起篇名写于分析著者下一行，但从第二直线起其余各项和著者分析卡一样（见例三〇八至三一〇）。

例 三〇八 （标题分析卡）

分析标题:社会主义　书名:无政府主义还是社会主义?

↓

335	СОЦИАЛИЗМ
С76	Сталин, И.В.
	Анархизм или социализм? В кн.:
	Собрание сочинений. Приложение. 1946.
	Т.1, стр. 339-361.

←在全集内附录 1946 年第一卷 339 至 361 页

例 三〇九 （标题分析卡）

分析标题:阳电子

↓

537	ПОЗИТРОНЫ
Т52	Кизель, В.А.
	Проверка выводов теории позитрона.
	В кн.: Толстов, К. Новые данные по рас-
	пространности атомных ядер. 1353.
	стр. 188-224.

←分析的著者
←分析的书名
←全书的著者　全书的书名　1953 年 188 至 224 页

例 三一〇

标题:原子核
↓

537	АТОМНОЕ ЯДРО.	← 全书的著者
Т52	Тлостов, К. Новые данные по распространённости атомных ядер. Киев, Оборонгиз, 1953. 126 стр. Включая,в. томе, В. А.Кизель Проверка выводов теории позитрона.	← 全书的书名 ← 此书还包括基节里斯著的阳电子理论结果检查
53	◯	

五、"见"参照卡(Общие ссышкн)

标题目录中的"见"参照卡,是从未被采用同义名词的标题,作的一种辅助卡,它是引导已经采用的标题。其著录方法是把不用的标题的名词,写在第一横线上,从第二直线起。如果一行写不完时,次行自第二直线右退二格续写。下一行自第二直线右退四格(一公分)写"см"(=смотри),下一行从第一直线写已经采用的标题的名称。采用的标题和未被采用的标题,均须大写(见例三一一至三一四)。

例 三一一

		БЕЗРЕЛЬСОВЫИ ТРАМВАЙ, см. ТРАМВАЙ И ЭЛЕКТРОБУС.	←无轨电车 见 ←电车与无轨电车
		◯	

例 三一二

	ТРОЛЛЕЙБУС,	← 无轨电车
	см.	见
	ТРАМВАЙ И ЭЛЕКТРОБУС.	←'电车与无轨电车
	○	

例 三一三

	МЕДИЦИНСКАЯ ХИМИЯ,	← 医化学
	см.	见
	ХИМИЯ, МЕДИЦИНСКАЯ И ФАРМАЦЕВ-	← 化学,医药
	ТИЧЕСКАЯ.	
	○	

例 三一四

	ДИФЕРЕНЦИАЛЬНАЯ ГЕОМЕТРИЯ,	← 微分几何
	см.	见
	ГЕОМЕТРИЯ, ДИФЕРЕНЦИАЛЬНАЯ.	← 几何,微分
	○	

190

例 三—五

		АНАЛИТИЧЕСКАЯ ГЕОМЕТРИЯ, см. ГЕОМЕТРИЯ, АНАЛИТИЧЕСКАЯ.	← 解析几何 见 ← 几何,解析
		◯	

例 三—六

		НАЧЕРТАТЕЛЬНАЯ ГЕОМЕТРИЯ, см. ГЕОМЕТРИЯ, НАЧЕРТАТЕЛЬНАЯ.	← 图形几何 见 ← 几何,图形
		◯	

例 三—七

		ХИМИЯ, ПАТОЛОГИЧЕСКАЯ см. ХИМИЯ, МЕДИЦИНСКАЯ И ФАРМАЦЕВ- ТИЧЕСКАЯ	← 化学,病理 见 ← 化学,医药
		◯	

例 三一八

```
        │  ИСТОРИЯ — РСФСР,          │  ← 历史——苏俄
        │        см.                 │     见
        │  РСФСР — ИСТОРИЯ.          │  ← 苏俄——历史
```

六、"参见"参照卡（Частные ссылки）

这种参照卡，是目录中最重要的辅助卡，它是从专门或特殊的标题参见普通或通俗的标题。反之亦然或从一个已经采用的标题参见另一个或几个有关的标题，或者相互关系的各个标题联系起来。通过这些标题，把其他有关的材料，一一反映给读者。所有这些标题必须限于图书馆已入藏的书籍（见例三一九至三二二）。

例 三一九

```
   │  ДИАЛЕКТИЧЕСКИЙ МАТЕРИАЛИЗМ;  │ → 辩证唯物论
   │         см. также             │      参见
   │  ИСТОРИЧЕСКИЙ МАТЕРИАЛИЗМ;    │ ← 历史唯物论；
   │  МАРКСИЗМ; ЛЕНИЗМ; ЛОГИКА;    │   马克思主义；
   │  МАРКСИЗМ-ЛЕНИНИЗМ;           │   列宁主义；马列主
   │                               │   义；论理学；
```

192

例　三二〇

	ИСТОРИЧЕСКИЙ МАТЕРИАЛИЗМ. см. также ДИАЛЕКТИЧЕСКИЙ МАТЕРИАЛИЗМ;	

← 历史唯物主义
参见
← 辩证唯物主义

例　三二一

	МАТЕМАТИКА, см. также АЛГЕБРА; АРИФМАТИКА; ГЕОМЕТРИЯ; ДИНАМИКА; ИНТЕГРАЛЬНОЕ ИСЧИСЛЕ- НИЕ; ЛОГРАРИФМ; МЕХАНИКА; СТА- ТИКА; ТРИГОНОМЕТРИЯ;	

← 数学
参见
← 代数学;算学;
几何;动力学;
微积分;对数表;
机械学;静力学;
三角学

例　三二二

	МОЛОКО И МАЛОЧНОЕ ДЕЛО, см. также МАСЛО; МОЛОЧНОЕ ПРОИЗВОДСТВО; СЫР;	

← 牛乳与牛乳业
参见
← 乳油;乳油制品;
干酪

七、追寻（Справки о вспомогательных описаниях）

追寻是一书的各种标题卡以及字顺目录的补充卡的记录。如果著录上发生错误，或临时有所撤销或变更时，可据此追寻而得。

追寻记载于主卡的背面（印刷注释卡就记载正面），倒转来圆孔向上。项目自圆孔下左边写起，如项目不多，可酌量下移，以便易于查阅。

追寻各项记载，可用略语，但须先后一致，如以"тит"或"загл."代表书名，以"сер."代替丛书卡，以"п"代表标题卡，以"соавт"代表合著者，以"сост"代表编者，以"ред"代表校阅者，以"илл"代表绘图者，以"пер"代表翻译者，以"тит. ан. карт."代表书名分析卡，以"авт.ан.карт."代表著者分析卡，以"п. ан. карт."代表标题分析卡，以"Загл. на обл."代表封面书名，但追寻标题卡，须记载全文。合著者，编者，译者，绘图者等卡片，并须记载姓氏（主格），见例三二六。分析卡并须分别记载分析著者，分析书名或分析标题，追寻标题等前面可加阿拉伯数目字，其他补充卡用罗马数目字更为清晰（见例三二三至三二六）。

例　三二三

Толстов, К.

Новые данные по распространённости атомных ядер.　Киев, Оборонгиз, 1953. 226 стр.

1. Атомные ядра
2. п. ан. карт. Позитроны
Ⅰ Тит.
Ⅱ авт. ан. карт. Кизель
Ⅲ тит. ан. карт. Проверка выводов теории позитрона

追寻：
← 1.标题:原子核
← 2.分析标题:阳电子

← Ⅰ 书名
← Ⅱ 分析著者 Кизель
← Ⅲ 分析书名：阳电子理论的结论检查

例　三二四　（主卡的背面倒转圆孔向上追寻的各项要记载在圆孔下面）

○

1. Атомные ярдра
2. п. ан. карт. Позитроны
I Загл.
II авт. ан. карт. Кизель
III тит. ан. карт. Проверка выводов теории позитрон

追寻：记载主卡背面
← 1.标题：原子核
← 2.分析标题：阳电子
← I 书名
← II 分析著者 Кизель
← III 书名分析卡：阳电子理论的结论检查

例　三二五

著者：马克·吐温　书名：王子和乞丐
↓　　　　　　↓

Твен, М.
　Принц и нищий. Изд. 3-е. Пер. с англ.
Н. и Л. Чуковских. Рис. В. Щеглова.　　М.,
"Сов. писатель", 1941.
　231 стр.
　　　I Заглавие II Пер. Н. Чуковский
　　　III Пер. Л. Чуковский
　　　IV Рис. Щеглов
○

追寻：
← I 须制书名补充卡
← II 须制译者补充卡
← III 须制译者补充卡
← IV 须制绘图者补充卡

例　三二六

○

I Загл.
II Пер. Н. Чуковский
III Пер. Л. Чуковский
IV Рис. Щеглов

追寻：
← I 书名补充卡
← II 第一译者补充卡
← III 第二译者补充卡
← IV 绘图者补充卡

195

八、人名标题卡

标题在卡片上的著录，一般都用红字，或者全用大写字母，但关于书中所论述的人物(关于他们的生平和事业，作品书目提要等等)作为标题时，不仅要大写，还要在其姓名后，加逗号并空三格再加上"O HEM"(关于他的)，或如妇女姓名，就写"O HEЙ"(关于她的)，以资区别。因此排卡时，就将小写字母的人名卡是要排在字顺目录中，将大写字母的人名卡排在标题目录中。这样就不致混乱(见例三二七至三三○)。

例　三二七　(人名为标题例子)

著者:列宁　标题:马克思　关于他的

3К13	МАРКС, К.,　О НЕМ.
Л 45	Ленин, В.И. 　　Маркс. Энгельс. Марксизм. Сборник статей и отрывков из произведений.　6—е изд.　　М., Госполитиздат, 1946. 　　496 стр.; 2 л. портр.　(Ин-т Маркса- Энгельса-Ленина-при ЦК ВКП (б)). 　　Библиогр.　Указатель произведений К. Маркса и Ф. Энгельса, упомянутых в настоя- щем сборнике, стр. 487—488. 　　　　　　　　○

例 三二八

标题:恩格斯 （关于他的）

3К13	ЭНГЕЛЬС, Ф., О НЕМ
Л145	Ленин, В.И. Маркс. Энгельс. Марксизм. Сборник статей и отрывков из произведений. 6—е изд. М., Госполитиздат, 1946. 496 стр.; 2 л.портр. (Ин–т Маркса– Энгельса–Ленина при ЦК ВКП (б)). Библиогр.: Указатель произведений К. Маркса и Ф. Энгельса, упомянутых в настоя- щем сборнике, стр. 487—488. ○

←书名:马克思、恩格斯、马克思主义论文汇集

例 三二九

著者:斯大林 标题:列宁 关于他的
↓ ↓ ↓

3К23	ЛЕНИН, В.И. О НЕМ.
С 76	Сталин, И.В. О Ленине. Статьи и речи. М.,Гопо- литиздат, 1951. 88 стр. с илл.; 1 л. портр. ○

← 书名:论列宁

例 三三〇

标题:萨尔梯柯夫——谢德林 关于他的
↓ ↓

920	САЛТЫКОВ-ЩЕДРИН, М.Е. О НЕМ.
С 16 П	Политыко, Д.А. Великий русский писатель–сатирик М.Е. Салтыков-Щедрин. М., Госиздат, БССР, 1955. 278 стр. . ○

←书名:伟大俄国讽刺作家—萨尔梯柯夫——谢德林

例　三三一　（一式卡标题卡）

以书名为主卡:斯大林奖金荣膺者的作家　　题下项:小传
　　　　　　　　　　　　　　　　标题:苏联作家——传记

		1 СОВЕТСКИЕ ПИСАТЕЛИ-БИОГРАФИИ
870.92	Пис	ателя лауреаты Сталинской премии.
П 34		Краткие биографии.　　М.,Детгиз, 1953. 159 стр. с портр.　　（Школьная библио- гека）.

　　Содерж.: Фадеев Александр Александро-
вич.-Барто Агния Львовна.-Беляев Владимир
Павлович.-Василенко Иван Дмитриевич.-
Воронько Платон Никитович.-Катаев Вален-
тин Петрович. -Каверин Вениамин Алексан-
дрович.-Кассиль Лев Абрамович. -Леонидзе
Георгий Николаевич.-Ликстанов Иосиф
Исаакович.-Любимова Валентина Алексан-
дровна.

　　　　　　　　　○　　　　См. след. карт.

目次：法捷耶
夫——巴尔托——
别里雅也夫——华
←西连科沃——隆科
——加太聊夫——
加别林——加西里
——列昂伊节——
里克斯坦诺夫——
习比莫夫娜

见次卡

例　三三二

		2
870.92	Пис	атели лауреаты ...
П 34		Маршак Самуил Яковлевич.-Миршакар
	Мир	саид.-Михалков Сергей Владимирович.-
	Мус	атов Алексей Иванов.-Носов Николай Ни-
	кол	аевич.-Осеева Валентина Александровна.
	-По	левой Борис Николаевич.-Поляновский
	Мак	с Леонидович.-Щипачев Степан Петро-
	вич.	

　　　　1.п: Советские писатели.
　　　　2.　　Лауреаты Сталинской премии.
　　　　3.　　п. ан. карт. Фадеев,А.Л.
　　　　　"　　Барто, А.Л.
　　　　　"　　Беляев,В.П ...

　　　　　　　○

← 续卡

← 目次续:马尔札克——米
尔沙克尔——米哈尔柯
夫——穆沙托夫——诺
索夫——奥西耶夫波里
扬诺夫斯基——谢帕切
夫

← 追寻:
1. 须制标题卡:苏联作
家——传记
2.须制标题卡:斯大林奖
金荣膺者
3.须制标题分析卡
（1）法捷耶夫
（2）巴尔托
（3）别里雅也夫等等

198

例　三三三

以书名为主卡:人民文学　题下项:中学六年级读本
　　　　　　　　　　　标题:苏联文学

| 870
Р60 | РУССКАЯ ЛИТЕРАТУРА.
Родная литература. Хрестоматия для 6
класса средней школы. Составили А.С.
Толстов, П.А.Шевченко, В.П.Цветаев.
Изд 13-е.　М., Учпедгиз, 1956.
Оглавление: Устное народное творчество
.-Из древнеи литературы.-Литература XVIII
века.-Литература XIX века.-Советская ли-
тература. | ← 目次：人民口头上
的创作——古代文
学——十八世纪的
文学——十九世纪
的文学——苏联文
学 |

九、标题目录排列规则

1.在标题目录内,所有著录按照标题卡和辅助卡的第一个字母次序排列,第一个字相同时,则按第二字第三字等等,进行排列。

2.如果标题名称上各字都相同时,就依照著者姓氏字母次序排列。若著者姓氏相同,就按着它们的名字的字母次序,著者姓名又相同时,按照书名的字母次序排列。

3.复合略语(简写字)为标题时,依简名排列,不按其全名。

4.没有副标目的标题,排在有副标目的前面。

5.倒置形容词的标题,排在有副标目相同的标题的后面。

6."参见"参照卡,排在最后的相同标题的后面。

7.字母区分卡,排列于以字母为首的第一张标题卡的前面。

1.ХИМИЯ.　　　　　1.化学

Рябчикнв,Д.　里雅布具柯夫著

Общая химия.　普通化学

2.ХИМИЯ-БИБЛИОГРАФИЯ.　2.化学——书目

Александров,В.Г.　阿列克山得洛夫著

Библиографические указатели химии. 化学书目

3.ХИМИЯ,БИОЛОГИЧЕСКАЯ. 3.化学,生物

Зборский, Б. 兹包尔斯基著

Практикум по биологисеской химии. 生物化学实践

4.ХИМИЯ,МЕДИЦИНСКАЯ. 4.化学,医学

Мардашев, С. 马尔达谢夫著

Вопросы медицинской химии. 医化学问题

5.ХИМИЯ,МЕДИЦИНСКАЯ И ФАРМАЦЕВТИЧЕСКАЯ.
5.化学,医药

см. также 参见

ДЕЗИНФЕКЦИЯ И ДЕЗИНФИЦИРУЮЩЕЕ СРЕДСТВО;
ЛЕКАРСТВО; ФАРМАЦИЯ

消毒法及消毒剂;药物;制药学

6.ХИМИЯ, ОРГАНИЧЕСКАЯ. 6.化学,有机

Губин,И. 古宾著

Методы органической химии. 有机化学方法

7.ХИМИЯ, ТЕХНОЛОГИЧЕСКАЯ. 7.化学,工艺

Васьева,О. 瓦斯叶夫著

Современные методы технологической 工艺化学现代方法

8.ХИМИЯ, ТЕХНОЛОГИЧЕСКАЯ–СЛОВАРИ.
8.化学,工艺——辞典

Рутовский,Б. 鲁托夫斯基著

Русский химико–техиологический словарь.
俄文工艺化学辞典

9.ХИМИЯ, ФИЗИЧЕСКАЯ. 9.化学,物理

Евстропьев,К. 叶夫斯特洛甫叶夫著

Химия крема и физическая химия. 润面油与物理化学

10.ЦВЕТЫ. 10.花

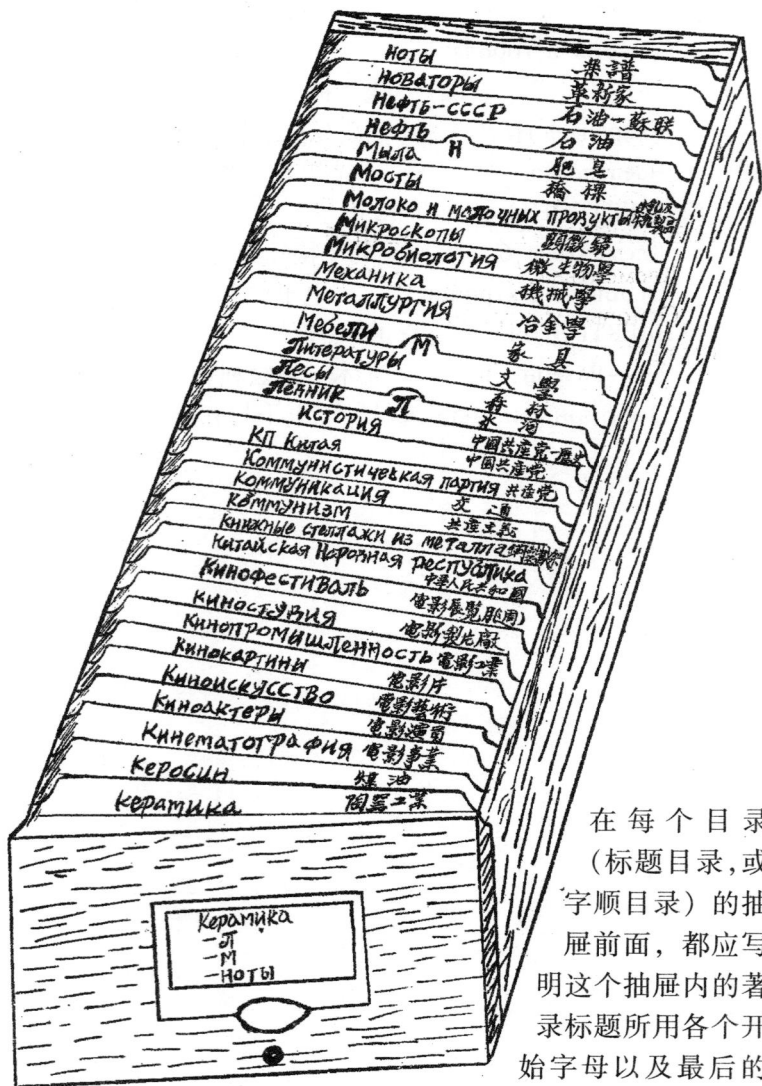

在每个目录（标题目录，或字顺目录）的抽屉前面，都应写明这个抽屉内的著录标题所用各个开始字母以及最后的标题的名称。

捌　其他类型出版物著录法

一、论述马列主义经典著作的书籍的著录法

凡阐述某种马列主义经典著作的书籍,著录时,须为原著者和书名编制补充卡。其著录方法如下:原著者姓名,姓先名后,写于第一行,从第二直线开始,原书名写于原著者下一行,从第二直线右退二格起,一行写不完时,次行仍从第二直线右退二格续写。论述马列主义经典著作的作家姓名写于下一行但从第一直线起,先姓后名,书名写于下一行,从第二直线起,一行写不完时,次行从第一直线续写。引证的书名,须加引号,句号后空三格写出版行,图卷项新行从第二直线起写(见例三三四至三三六)。

例　三三四

原著者:斯大林　原书名:再论我们党内的社会民主主义倾向
著者:特洛普金　书名:论斯大林同志的再论我们党内的社会民主主义倾向

3К33	Сталин, И.В.
Е97Т	．Ещё раз о социал-демократическом уклоне в нашей партии.
	Тропкин, Н.
	О работе товарища Сталина "Ещё раз о социал-демократическом уклоне в нашей партии".　М.,"Правда", 1949.
	31.стр.

例 三三五

原书名:做甚么?
原著者:列宁

3К23	Что делать?	
	Ленин, В.И.	
Ч-80Г	Григоренко, А.	
	О книге В.И.Ленина "Что делать?".	
	М., "Правда", 1949.	
	32 стр.	

←著者:格里高连科
←书名:论列宁的做甚
　　么一书

例 三三六

原著者:斯大林
　　　　原书名:第十八次党代表大会总结报告

3К33	Сталин, И.В.	
	Отчетный доклад на XVIII с'езде	
О-88С	партии о работе ЦК ВКП (б).	
	Солдатенко, Е.	
	Об отчетном докладе тов. Сталина на	
18-й	с'езде партии.　　М.,Госполитиздат,	
1949.		
	39 стр.	

←著者:索里达金科
←书名:论斯大林同志
　　在第十八次党代表
　　大会上的总结报告

二、书评著录法

论文集,杂志或报章上的书评,著录于所评的书籍的著者姓名之下。书评的著录由两部分组成,第一部分包括所评书的著录:著者,书名,题下项,出版项。其著录格式如著者为主卡的格式一样,但没有图卷项和题上项。第二部分,另起一段,从第二直线起,写书评的简写"Рец."并用引号。再标明关于书评的各事项:著者姓名(姓先名后)后空一格写篇名,句号后加一短划,登载该书评的

204

刊物名称,并加引号,逗号后空一格写出版年、卷次或期次及所在页数(如果资料来源是报章时,在年份后加上日期),各项之间用逗号隔开(见例三三七至三三九)。

例 三三七

原著者:丁玲 　　书名:太阳照在桑干河上
　　　　↓ 　　　　　　↓

891.3 Дин	Лин

Д46　Солнце над рекой Сангань. Пер. с китайского и предисл. Л. Позднеевой. Под ред. В.Топер и М. Чегановского.　М.,ИЛ, 1949.
297 стр.

Рец.: Федоренко,Н. Новое в китайской литературе. -"Правда", 1951, 15 сентября. Ерманшев, И. Дин Лин и ее роман "Солнце над рекой Сангань". -"Комсомольская правда", 1952, 5 июня.

← 书评:(1)费多连科,篇名:中国文学上新成就,"真理报"一九五一年九月十五日(2)叶尔满舍夫,丁玲与她的小说:太阳照在桑干河上,"共青团真理报"一九五二年六月五日

例 三三八

著者:周立波 　书名:飓风 　题下项:小说 　节译本
　　　↓ 　　　　　↓

891.3 Чжоу	Ли-бо

Ч-57　Ураган. Роман. Сок. пер. с китайского В. Рубмана и В. Калинкова.　М.,ИЛ, 1951.
422 стр.
Рец.: Федоренко, Н. Новое в китайской литературе. -"Правда", 1951, 15 сентября.

←书评: 费多连科,中国文学上新成就,"真理报"一九五一九年月十五日

例　三三九

原著者：贺敬之，丁毅合著　　　书名：白毛女

891.2	Хэ	Цзин-чжи.
X-99		Седая девушка. Драма в 5-ти действиях, 19-ти картинах. Пер. с китайского П. Захарова. Стихи перевели С. Бытовой и Д. Левоневский.　　　М., "Сов. писатель", 1951. 37 стр.
		Рец.: Лукин, ю.: Китайская п'еса на советской сцене. "Седая девушка" в театре Евг. Вахтангова. – "Правда", 1952, 23 июня. Эйдлин, Л. Пьеса и ееперевод – "Лит. газ." 1951, 31 марта.

←书评：（1）鲁金，篇名：中国戏剧在苏联舞台上，"真理报"一九五二年六月二十二
（2）艾得林，篇名：戏剧与它的译本，"文学报"一九五一年三月三十一日

玖　印制注释卡的采用法（Пользование аннотированной карточкамн）
（或一式卡的采用法）
（Пользование едиными описаниями）

　　苏联印刷注释卡，若能采用，当然可以解决俄文编目上若干困难。目前我国，除北京图书馆外，其他图书馆，尚未见到。但现在某些图书馆，如本大学图书馆，中南图书馆，华中师范学院图书馆等，为了提高编目效率，及早供应读者利用，均已采用各种印刷方法，编制目录卡。这样可以节省时间和人力，因为不论某一本书，只需编主卡一张，在蜡纸上用手写就，或用打字机打成后，将它剪成小块去印（但须要在每张主卡上边留空二行，以便添写各种著录标目），至于每种须印若干张，要看主卡"追寻"上所记载须制各种补充卡名称，再加上订购卡，排架卡，以及各院系科和部门教研室所需要的复份卡片的总数。使用的方法如下：将书名写在著者（若是以著者为主要著录标目）的姓名上面，第一行，就成为书名补充卡，将标题写在著者上面，就成标题补充卡，将人名添写上去，便为人名补充卡，若将分析部分添上去，就成为分析卡，若将登记号码，加上它的背面，就成排架卡等等。正因是复印的，著录上的项目与主卡的著录项目一样详尽，只不过多写一个书名，标题，或其他补充部分。由此可以看出其他补充卡的著录格式与主卡的格式相同，所以又称为一式卡。

　　如采用复印一式卡时，凡二人合著的书，只需将第二合著者姓名,写于印就的主卡上的顶行,从第二直线开始,先姓后名,一行写不完时,次行于下一行,从第二直线,右退二格续写,编辑者,校编者,译者,绘图者等著录相同,但在姓名后,加逗号,空三格接写"сост.","ред.","пер.","илл.","о нем","О НЕМ","о ней","О НЕЙ"以及各标题名称。各种分析卡后面还要加上被分析出的资料来源所在页数(见例三四〇至三五一)。

印制一式卡必须注意下列事项:

1.打字或手写都要熟练

2.蜡纸要计划得准确

3.蜡纸小块要剪得过合(不大不小)

4.油墨要刷得均匀

5.卡片要排得正当

6.印制要精细

例　三四〇　(一式卡式书名补充卡)

画家为著者:菲诺根诺夫　书名:在新中国

例 三四一 （一式卡多卷书的书名补充卡）

著者:吉洪诺夫 书名:第二次世界保卫和平大会,在第一卷三七二至三八〇页

8C или 873 T46	На втором Всемирном конгрессе сторонников мира. Т.1, стр. 372-380 Тихонов, Н. Избранные произведения. В 2-х томах. Т. 1-2. М.-Л.,Гослитиздат, 1951. Т.1. На втором Всемирном конгрессе сторонников мира. 372-380 стр. 1 л. портр. Т.2······396 стр. ◯

←全书书名:二卷选集

←卷一第二次世界保卫
和平大会
卷二······

例 三四二 （一式卡编校者补充卡（多卷集例子））

以书名为主卡 编校者:莫尔多温

655 К 65	1 Мордовин, Б.М., ред. Конструкции и расчет полиграфических машин. Уче-б. пособие для поли- граф. вузов. Под общ. ред.проф. Б.М.Мордовина. К. 1, 3. М.-Л., Гизлегпром, 1949. ◯ См. след. карт.

例 三四三 （第二张）

	2 К.1. Петрокас, Д.В. Наборные машины. 312 стр. К.3. Морозов, М.Г. Тигельные и плоскопечатные машины. 316 стр. с илл.; 1 л. черт. ◯

例　三四四

标题：宪法
↓

	КОНСТИТУЦИИ.
342.8 К 65	Конституции европейских стран народной демократии.　М.,Госюриздат, 1954. 183 стр.
	Содерж.: Конституция Народной Респу- блики Болгарии.-Конституция Чехословацкой Республики.-Конституция Венгерской Народ- ной Республики.-Конституция Народной Рес- публики Албании.-Конституция Польской Республики.-Конституция Румьнской Народ- ной Республики.
кая 3. Ч Рес ро	1. п. Конституции. 2.п.ан. карт. Болгаро- Народная Республика-Конституция ехословакая Народно-Демократическая публика-Конституция.-Венгерская На- дная Республика-Конституция(.....

← 书名为主卡：欧洲人
民民主国家宪法

← 须制标题卡：宪法
← 追寻：须制标题分析
卡：各个人民民主国
家名称下附有副标
题：宪法，如下例三
四七

例　三四五（一式卡绘图者补充卡）

绘图者姓名
↓

	Жуков. Н. илл.
8С П49п	Полевой, Б. Повесть о настоящем человеке.　Рис. Н. Жукова.　М.,Гослитиздат, 1951. 327 стр. с илл.　(Библиотека совет- ского романа)
	Повесть удостоена Сталинской премии. За иллюстрации иллюстратору прис за
1950	г.

← 本小说曾获得斯大
林奖金
← 授予绘图书者茹可
夫斯大林第二等奖
金

例 三四六 （一式卡编辑者补充卡）

她就是美国！　　编辑者姓名
　↓

917.3	Вот	Пральников, Е. сост.
В 79		она, Америка! Сборник памфлетов, рас-
		сказов и очерков о Соединенных Штатах
		Америки. М.,"Молодая гвардия",1949.
		264 стр ; 10 л. илл.
		На обороте тит.л. сост.: Е.Пральников.
		Содерж.: М.Горький, В Америке; Мой
	Инт	ервью.-В. Билль-Белоцерковский; Там,
	где	"Статуя Свободы".-В.Маяковский; Мое
	отк	рытие Америки. -А.Хамадан, Американс-
	кие	силуэты.-Ю.Жуков,Американские замет-
	ки.	

书名页背面载有编
辑者的姓名目次:高
尔基,"在美国",
"我的谈话",–比
里,"在那里有自由
（之）像",–马雅柯
夫斯基,"我的暴露
美国",–哈丹,"美
国的剪影",–茹可
夫,"美国短评"

例 三四七 （一式卡译者补充卡）

译者:凡洛夫
　↓

895.1	Хэ	Захаров, П., пер.
Х 99		Цзин-чжи и Дин Ни.
		Седая девушка. Драма в 5-ти действиях.
	Пер	. с китайского П.Захарова. Стихи пер.
	С.Б	ытевой и Л.Левоневского М.,ИЛ 1951.
		37 стр.

← 著者:贺敬之
← 书名:白毛女

例 三四八 （一式卡第二合著补充卡）

665	Лоси	Лукашевич, И.П.
Л 79		ков, Б.В. и Лукашевич' И.П.
	пер	Нефтяное товароведение. 2—е изд.,
	1949	работ. и доп. М.,Гостоптехиздат,
		420 стр. с илл.

例　三四九　（一式卡标题卡）

著者:赫尔岑　标题:自然界的哲学
↓

	ФИЛОСОФИЯ ПРИРОДЫ.	
501	Герцен, А.И.	
Г41	Письма об изучении природы. М.,Гос-	←书名：关于学习自然
	политиздат, 1946.	界的几封信
	316 стр. 2 л. илл. (Акад. наук СССР.	
Ин-	т философии)	
	Перед загл. авт. А.И.Герцен.	←书名前题有著者姓名
	В кн. также: В.И.Ленин. Памяти Герцена.	←本书内还有列宁的
	I. Ленин.	"忆赫尔岑"一书
	II. тит. ав. карт. Памяти Герцена.	追寻：
	1. п. Философия природы.	须制著者分析卡:列宁
	2. Естествознание.	须制书名分析卡"忆赫
	3. Русская философия, 19 в.	尔岑"
	○	须制标题卡
		1.自然哲学
		2.自然科学
		3.俄国哲学家十九
		世纪

例　三五〇

标题:捷克斯洛伐克人民民主共和国──宪法见二七至八一页
↓

	ЧЕХОСЛОВАЦКАЯ НАРОДНО-ДЕМОК-	
	РАТИЧЕСКАЯ РЕСПУБЛИКА-КОНС-	
	ТИТУЦИЯ. см. 27-81.	目次：保加利亚人
342.8	Конституции Европейских стран народной	民共和国宪法──
К 65	демократии. М.,Госюриздат, 1954.	捷克斯洛伐克人民
	188 стр.	民主共和国宪法
	Содерж.: Конституция Народной Респу-	←──匈牙利人民民
	блики Болгарии.-Конституция Чехословац-	主共和国宪法──
	кой Республики.-Конституция Венгерской	阿尔巴尼亚人民民
	Народной Республики.-Конституция Народ-	主共和国宪法──
	ной Республики Албании.-Конституция Ру-	罗马尼亚人民共和
	мынской Народной Республики.	国宪法
	○	

例　三五一（一式卡标题卡）

著者:切列波夫　标题:天山　书名:天山之谜

915.1	ТЯНЬ.-ШАНЬ.
	Черепов, И. А.
Ч 49	Загадки Тянь-Шаня. Записки участника
	экспедиций проф. Летавета 1937—1938 гг.
	М., Географгиз, 1951.
	148 стр. с илл.; 6 л. илл.